BEI GRIN MACHT SICH IHR WISSEN BEZAHLT

- Wir veröffentlichen Ihre Hausarbeit, Bachelor- und Masterarbeit

- Ihr eigenes eBook und Buch - weltweit in allen wichtigen Shops

- Verdienen Sie an jedem Verkauf

Jetzt bei www.GRIN.com hochladen und kostenlos publizieren

Bibliografische Information der Deutschen Nationalbibliothek:

Die Deutsche Bibliothek verzeichnet diese Publikation in der Deutschen National-
bibliografie; detaillierte bibliografische Daten sind im Internet über http://dnb.d-
nb.de/ abrufbar.

Dieses Werk sowie alle darin enthaltenen einzelnen Beiträge und Abbildungen
sind urheberrechtlich geschützt. Jede Verwertung, die nicht ausdrücklich vom
Urheberrechtsschutz zugelassen ist, bedarf der vorherigen Zustimmung des Verla-
ges. Das gilt insbesondere für Vervielfältigungen, Bearbeitungen, Übersetzungen,
Mikroverfilmungen, Auswertungen durch Datenbanken und für die Einspeicherung
und Verarbeitung in elektronische Systeme. Alle Rechte, auch die des auszugsweisen
Nachdrucks, der fotomechanischen Wiedergabe (einschließlich Mikrokopie) sowie
der Auswertung durch Datenbanken oder ähnliche Einrichtungen, vorbehalten.

Impressum:

Copyright © 2010 GRIN Verlag, Open Publishing GmbH
Druck und Bindung: Books on Demand GmbH, Norderstedt Germany
ISBN: 9783640666294

Dieses Buch bei GRIN:

http://www.grin.com/de/e-book/153951/gruene-supply-chains-moeglichkeiten-der-
it-systemunterstuetzung

Michel Hecking

"Grüne" Supply Chains - Möglichkeiten der IT-Systemunterstützung

GRIN Verlag

GRIN - Your knowledge has value

Der GRIN Verlag publiziert seit 1998 wissenschaftliche Arbeiten von Studenten,
Hochschullehrern und anderen Akademikern als eBook und gedrucktes Buch. Die
Verlagswebsite www.grin.com ist die ideale Plattform zur Veröffentlichung von
Hausarbeiten, Abschlussarbeiten, wissenschaftlichen Aufsätzen, Dissertationen
und Fachbüchern.

Besuchen Sie uns im Internet:

http://www.grin.com/

http://www.facebook.com/grincom

http://www.twitter.com/grin_com

„Grüne" Supply Chains: Möglichkeiten der IT-Systemunterstützung

Bachelorarbeit

im Fachgebiet Wirtschaftsinformatik
am Lehrstuhl für Wirtschaftsinformatik und Logistik
der Westfälischen Wilhelms-Universität Münster

Abgabetermin: 17.05.2010

Inhaltsverzeichnis

Abbildungsverzeichnis

Abkürzungsverzeichnis

AG	Aktiengesellschaft
CAD	Computer Aided Design
csv	Comma Separated Value
DSLV	Deutscher Speditions- und Logistikverband
ERP	Enterprise Ressource Plannung
EU	Europäische Union
GmbH	Gesellschaft mit beschränkter Haftung
GPS	Global Positioning System
ifeu	Institut für Energie- und Umweltforschung
IML	Fraunhofer-Institut für Materialfluss und Logistik
INVL	Institut für Nachhaltigkeit in Verkehr und Logistik
ISO	International Organization for Standardization
IT	Informationstechnik
LKW	Lastkraftwagen
MS	Microsoft
RFID	Radio Frequency Identification
u.a.	unter anderem
UIC	Union internationale des chemins de fer
UNIT	Utilities for Numerical Methods and Information Technology in Packaging and Transport Logistics
xml	Extensible Markup Language

Symbolverzeichnis

CH_4	Methan
CO	Kohlenmonoxid
CO_2	Kohlendioxid
HC	Kohlenwasserstoff
N_2O	Distickstoffmonoxid
NH_3	Ammoniak
NMHC	Nichtmethankohlenwasserstoff
NO_x	Stickoxide
Pb	Blei
PM	Partikelmasse
SO_2	Schwefeldioxid

1 IT-Systeme als Basis einer ökologischen Logistik

Negative ökologische Einflüsse wie Luftverschmutzung, Klimaerwärmung, Lärm und Unfälle bringen die Natur ins Ungleichgewicht. Gesetzliche Vorgaben, wie beispielsweise die Limitierung des CO_2-Ausstoßes, Besteuerung von Treibstoffen und Energie, aber auch die Forderung der Kunden nach einer ökologisch gerechten Produktion und Verpackung der Güter, nehmen in zunehmendem Maße Einfluss auf die Logistik.

Maßnahmen zur Verringerung und Vermeidung ökologischer Auswirkungen auf die Umwelt steigern das Ansehen eines Unternehmens in der Öffentlichkeit und können so zu Marketingzwecken eingesetzt werden. Sie zeigen, dass das Unternehmen Verantwortung für seine Auswirkungen auf die Umwelt übernimmt. Des Weiteren dienen sie der Einhaltung gesetzlich festgelegter Emissionsgrenzwerte oder Umweltgesetze, verminderter Material- oder Energieverbrauch reduziert die Betriebskosten. Laut HELLINGRATH und SCHÜRRER „lassen sich nach Untersuchungen des Fraunhofer-Instituts für Materialfluss und Logistik etwa 20 Prozent des Energieverbrauchs und somit auch der hieraus entstehenden Schadstoffemissionen in der Logistik einsparen".[1]

Nach MEIßNER ist eine solche Einsparung ohne die Unterstützung geeigneter IT-Systeme in der Logistik nicht möglich. Softwaresysteme helfen bei der Erfassung ökologischer Größen wie Emissionsausstoß oder Energieverbrauch. Der Anwender hat die Möglichkeit, logistische Prozesse zu planen, überwachen und zu steuern. Abläufe können analysiert und hinsichtlich ökologischer Größen optimiert werden. IT-Systeme schaffen Transparenz bei der Erstellung logistischer Leistungen und stellen somit die Basis zum Erreichen einer ökologischen Logistik dar.[2]

In dieser Ausarbeitung werden existierende IT-Systeme untersucht, die eine Bewertung, Gestaltung und Steuerung der Logistik in einem ökologischen Sinne möglich machen. Dazu wird zunächst der Begriff der ökologischen Logistik definiert. Es folgt eine Erläuterung negativer Auswirkungen, die logistische Beschaffungs-, Produktions-, Lager- und Distributionsprozesse auf die Umwelt haben können. Diese Umweltwirkungen verursachen, durch Schädigung der Umwelt, externe Kosten, die dargelegt werden. Seitens der Politik gibt es verschiedene Maßnahmen, um die externen Kosten auf die Unternehmen umzulegen und so

---

[1] Hellingrath, Schürrer (2009), S. 19.

[2] Vgl. Meißner (2008), S. 17.

eine Verringerung der Umweltwirkungen ihrer logistischen Prozesse herbeizuführen. Unternehmen ihrerseits sind bestrebt, die von der Logistik verursachten ökologischen Schäden und die damit verbundenen Kosten zu vermeiden bzw. gering zu halten. Die Maßnahmen, die sowohl seitens der Politik als auch seitens der Unternehmen existieren, werden erläutert.

Zur Identifizierung und Umsetzung solcher Maßnahmen können IT-Systeme unterstützend eingesetzt werden. Im *Hauptteil* werden zunächst allgemeine Anforderungen festgelegt, die IT-Systeme in der Logistik mitbringen. Anhand dieser Anforderungen können die IT-Systeme in verschiedene Klassen klassifiziert werden. Es wird beschrieben, wie solche Klassen identifiziert und die Beispielsysteme ausgewählt werden können. Jede Klasse stellt ihrerseits spezielle Anforderungen an die entsprechenden IT-Systeme. Diese werden charakterisiert und anhand eines Beispielsystems exemplarisch erläutert. Den Abschluss der Arbeit bilden ein kurzes Fazit sowie ein Ausblick auf zukünftige IT-Systeme in der Logistik.

2 Ökologische Logistik

2.1 Definition

In der Literatur wird die ökologische Logistik als Teilaspekt der nachhaltigen Logistik angesehen.[3] Nachhaltige Logistik versucht, ökologische, ökonomische und soziale Nachhaltigkeit in Einklang zu bringen (vgl. Abb. 1).

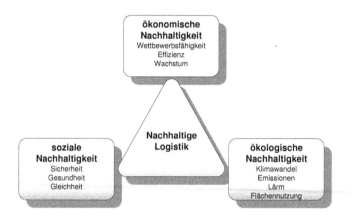

Abb. 1: Berührungspunkte nachhaltiger Logistik[4]

BOPPERT und TENEROWICZ verstehen unter *ökologischer Nachhaltigkeit* „das Ziel, die natürliche Lebensgrundlage für nachfolgende Generationen zu erhalten".[5] Der Lebensraum für wirtschaftliche Aktivitäten muss ebenso erhalten bleiben wie die Umwelt als Quelle für erneuerbare und nicht-erneuerbare Ressourcen und als Aufnahmemedium für Schadstoffe. Erreicht werden können diese Ziele z.b. durch den Schutz des Klimas oder den schonenden Umgang mit natürlichen Ressourcen. Durch die Umsetzung von umwelt- und ressourcenschonenden, logistischen Leistungen, können Wettbewerbsvorteile erzielt und der Druck auf die Wettbewerber erhöht werden.[6] LOHRE und HERSCHLEIN bezeichnen die ökologisch nachhaltige Logistik – in der Literatur auch als *grüne Logistik* bezeichnet[7] – als „gezielte,

---

3   Vgl. Boppert, Tenerowicz (2009), S. 2 und Muhsal, Nettesheim (2009), S. 10.

4   Quelle: Green Logistics (2010).

5   Boppert, Tenerowicz (2009), S. 2.

6   Vgl. Boppert, Tenerowicz (2009), S. 2 und Muhsal, Nettesheim (2009), S. 10 ff.

7   Vgl. Lohre, Herschlein (2010), S.3 ff und Boppert, Tenerowicz (2009), S. 2 ff und Muhsal, Nettesheim (2009), S. 10.

umweltbezogene Gestaltung von Abläufen und Produkten".[8] Sie dient dabei der „Steigerung der ökonomischen und zugleich ökologischen Effizienz" logistischer Leistungen und der gezielten Verringerung von Umweltwirkungen.[9]

Ein ökologisches Gleichgewicht aus dem Verbrauch natürlicher Ressourcen und der gleichzeitigen Erhaltung dieser kann nur erreicht werden, wenn ökonomische Sicherheit und soziale Gerechtigkeit in Harmonie gebracht werden. Wirtschaftliche Effizienz und Wettbewerbsfähigkeit stellt die *ökonomische Nachhaltigkeit* der Logistik sicher und bietet der Unternehmung eine tragfähige Grundlage für den Unternehmenserfolg. *Soziale Nachhaltigkeit* strebt eine zukunftsfähige, lebenswerte Gesellschaft an. Sie verlangt Werte wie Gesundheit, Gleichheit oder die Sicherung der Grundbedürfnisse einer Gesellschaft auch für zukünftige Generationen.[10] Der Fokus dieser Ausarbeitung liegt auf der ökologischen Nachhaltigkeit der Logistik. Sie wird im Folgenden als ökologische Logistik bezeichnet.

2.2 Ökologische Auswirkungen der Logistik auf die Umwelt

Um die Verringerung ökologischer Auswirkungen auf die Umwelt, die im Rahmen logistischer Prozesse und Aktivitäten entstehen, zu erreichen, ist eine Identifizierung dieser Umweltwirkungen notwendig. GOEBELS versteht unter dem Begriff der Umweltwirkung alle belastenden bzw. negativen Einflüsse auf die Umwelt, die durch die Unternehmung entstehen.[11] Schadstoffausstoß, der durch den Transport von Gütern entsteht, Ressourcenverbrauch in der Produktion oder Flächennutzung durch Einsatz eines Lagergebäudes sind nur einige Beispiele hierfür.[12] Dabei kann zwischen direkten und indirekten Umweltwirkungen unterschieden werden. Unmittelbar vom Unternehmen ausgehende Emissionen werden als direkte Umweltwirkungen bezeichnet. Sie entstehen unmittelbar bei der Erstellung einer logistischen Leistung, z.B. Stromverbrauch in der Produktion. Emissionen, die bei der Gewinnung der Energie in den Kraftwerken anfallen, gehen indirekt in die Erfassung ökologischer Effekte der Unternehmung ein.[13] Emissionen bezeichnen „das Ablassen oder Ausströmen von Stoffen, die Luft, Wasser oder andere

---

8   Lohre, Herschlein (2010), S.6.

9   Lohre, Herschlein (2010), S.6 und Cordes (2010), S. 21.

10   Vgl. Boppert, Tenerowicz (2009), S. 2.

11   Vgl. Goebels (2000), S. 40.

12   Vgl. Dyckhoff, Souren (2007), S. 203 f.

13   Vgl. Goebels (2000), S. 40 ff. und Rösler (2003), S. 74.

Umweltbereiche verunreinigen".[14] Aufgrund der intensiven öffentlichen Diskussion über ökologische Nachhaltigkeit wird besonders den CO_2-Emissionen Beachtung geschenkt. CO_2 trägt, zusammen mit anderen Treibhausgasen, maßgeblich zur Veränderung des Klimas bei. Die Klimaerwärmung wird für die Häufung extremer klimatischer Ereignisse wie Stürme oder Fluten verantwortlich gemacht.[15]

Zu den in der Literatur am häufigsten genannten Umweltwirkungen zählen:

- Oberflächenversiegelung durch Straßen, Gebäude und Anlagen,
- natürlicher Ressourcen- und Energieverbrauch,
- Schadstoff- und Lärmemissionen in Luft, Boden und Gewässer, sowie
- potentielle Risiken wie Verkehrsunfälle, Staus oder Lagerung gefährlicher Stoffe.[16]

2.3 Externe Kosten als Folge ökologischer Auswirkungen der Logistik auf die Umwelt

Durch oben genannte Umweltwirkungen entstehen sogenannte externe Effekte. Verbraucht die Produktion eines Gutes Ressourcen, werden bei der Leistungserstellung nur die betriebswirtschaftlich relevanten Faktoren berücksichtigt.[17] Der Verursacher muss für die Beseitigung von Schäden, die bei Dritten entstehen, nicht aufkommen, sodass diese Kosten nicht in dessen Produktions- und Nutzenfunktion berücksichtigt werden. Die Auswirkungen haben keinen bzw. geringen Einfluss auf das ökonomische Entscheidungen der Unternehmung. Die Kosten externer Effekte werden von der Gesellschaft bzw. von Dritten getragen, müssen aber zur Bewertung von Umweltwirkungen logistischer Prozesse erfasst werden. Durch die Bewertung externer Kosten sollen diese dem Verursacher angelastet werden. Als Folge wird dieser versuchen, die entsprechenden Umweltwirkungen zu vermeiden oder zu drosseln.[18] Exemplarisch werden nun einige der relevantesten externen Kosten erläutert.

Schadstoffe, die an die Luft abgegeben werden, können neben gesundheitlichen Schäden auch Schäden an Gebäuden sowie der Natur hervorrufen. Hierzu zählen Erkrankungen der Atemwege, Allergien, Schmutzablagerungen an Gebäuden oder

---

[14] O.V. (2010), S. 15.

[15] Vgl. Arnold u.a. (2008), S. 1032.

[16] Vgl. Arnold u.a. (2008), S. 1030 und Rösler (2003), S. 71 ff. und Souren (2000), S. 151 f.

[17] Vgl. Arnold u.a. (2008), S. 1030 ff. und Rösler (2003), S. 71 ff.

[18] Vgl. Schwermer (2007), S. 11.

Vegetationsschäden durch sauren Regen. Auch wirtschaftliche Schäden durch vermehrte Beseitigung von Sturmschäden in Folge der Erderwärmung müssen berücksichtigt werden. Staus verursachen wartezeitbedingte, erhöhte Betriebskosten sowie Schadstoffemissionen. Lärm, der durch Verkehr oder eine Produktionsstätte entsteht, kann sowohl psychische, als auch physische Beeinträchtigungen bei Menschen hervorrufen. Hierzu zählen beispielsweise Schlafstörungen oder Gehörschädigungen. Verkehrsunfälle und deren Folgen verursachen zwei Arten von Kosten. Einerseits entstehen humanitäre Kosten für medizinische Leistungen zur Rehabilitation und Versorgung bei Personenschäden. Andererseits können Aufwendungen durch Sachschäden entstehen.[19]

Die ökonomische, monetäre Bewertung externer Kosten stellt eine weitere Herausforderung dar. Bei der Berechnung von Lärmkosten z.B. liegen die Probleme einerseits im Fixieren tolerierbarer Grenzwerte, andererseits in der Festlegung der entsprechenden Kosten, die durch die Folgen des Lärms entstehen.[20] Um solche Probleme zu lösen, versuchen Forschungsprogramme die Methoden zur Berechnung externer Kosten zu standardisieren. Beispielsweise wurde im Auftrag des Internationalen Eisenbahnverbandes UIC in Kooperation der Universität Karlsruhe und dem Forschungsbüro INFRAS eine Studie zur Berechnung und Standardisierung externer Kosten des Güterverkehrs erstellt. Hierdurch sollen einheitliche Durchschnittswerte garantiert werden. Die Studie beziffert die externen Kosten des Straßengüterverkehrs auf 88€ je 1000 Kilometer, den eine Tonne zurücklegt. Im Vergleich dazu betragen die des Schienengüterverkehrs nur 18€ pro 1000 Tonnenkilometer.[21]

2.4 Maßnahmen zum Erreichen einer ökologischen Logistik

Von staatlicher Seite gibt es verschiedene Möglichkeiten, die externen Kosten auf den eigentlichen Verursacher umzulegen. Der Verursacher ist bestrebt, durch die Vermeidung bzw. Reduzierung der von ihm verursachten Umwelt wirkungen diese umgelegten Kosten möglichst einzusparen bzw. gering zu halten. Dadurch stellt die verursachungsgerechte Anlastung externer Kosten – in der Literatur als *Internalisierung* bezeichnet[22] – auch eine Maßnahme zum Erreichen einer ökologischen Logistik dar. Der Verursacher externer Effekte wird in die Verantwortung seiner verursachten Umweltwirkungen gezogen.

---

[19] Vgl. Arnold u.a. (2008), S. 1030 ff. und Rösler (2003), S. 71 ff.

[20] Vgl. Arnold u.a. (2008), S. 1033 ff.

[21] Vgl. Schreyer u.a. (2004), S. 74.

[22] Vgl. Arnold u.a. (2008), S. 1018 und Schwermer (2007), S. 11.

Durch die *Erhebung von Steuern* „auf die umweltschädigende Aktivität (z.B. Emission von Schadstoffen) erfolgt eine Internalisierung über Preise."[23] Der Verursacher kann Abgaben einsparen, indem er seine Emissionen reduziert. In einigen Europäischen Staaten werden für die Benutzung von Straßen Nutzungsgebühren erhoben. Seit 2009 ist es den Mitgliedstaaten der Europäischen Union erlaubt, externe Kosten, die durch Lärm, Staus und Luftverschmutzung entstehen, auf die Mautgebühren anzurechnen.[24] Durch die Vermeidung umweltschädlicher Straßentransporte oder den Umstieg auf emissionsärmere Verkehrsmittel kann der Verursacher Kosten sparen und zugleich die Umweltwirkungen reduzieren.

Auch die *Festlegung von Emissionsgrenzwerten* bietet dem Verursacher einen Anreiz zur Emissionsvermeidung. Erst kürzlich forderte die EU Klimakommissarin Connie Hedegaard Grenzwerte für den CO_2-Ausstoß von LKW einzuführen.[25] Neben Grenzwerten bieten Ge- und Verbote ein Instrument zur Internalisierung externer Kosten. Zur Verringerung von Emissionen müssen Filter- und Katalysatoranlagen eingesetzt werden, Landeverbote für Flugzeuge mit zu hoher Lautstärke sollen die Lärmbelästigung reduzieren.[26] Zur Einhaltung dieser gesetzlichen Maßnahmen muss der Verursacher Investitionen z.B. in neue technische Anlagen tätigen, die einen verringerten Schadstoffausstoß gewährleisten. Durch den erhöhten Investitionsaufwand werden die externen Kosten der Anlage auf den Verursacher umgelegt.[27]

Eine weitere Möglichkeit der Internalisierung externer Kosten sind *Umweltzertifikate*. Ein Zertifikat stellt eine Erlaubnis für die Belastung der Umwelt dar. Um die Umwelt mit Schadstoffen belasten zu dürfen, muss der Verursacher entsprechende Zertifikate kaufen. Die Zertifikate werden vom Staat nur in begrenzter Anzahl angeboten, sodass ein bestimmter Umweltstandard erreicht wird. Werden Zertifikate knapp, steigt der Preis. Dadurch muss der Verursacher abwägen, ob es ökonomischer ist, Zertifikate zu kaufen oder in eine technische Lösung zur Verminderung der Emissionen zu investieren.[28]

---

[23]   Schwermer (2007), S. 11.

[24]   Vgl. Khadraoui (2009).

[25]   Vgl. Wagner (2010), S. 16.

[26]   Vgl. Aberle (2009) S.579.

[27]   Vgl. Schwermer (2007), S. 11.

[28]   Vgl. Arnold u.a. (2008), S. 1027 f.

Bei den drei bisher genannten Ansätzen ist der Verursacher bestrebt, Emissionen zu vermeiden bzw. zu vermindern. Für externe Effekte, die nur mit einer geringen Wahrscheinlichkeit auftreten, werden *rechtliche Regelungen* eingesetzt. Beispielsweise werden in der Produktion von Gütern oft chemische Stoffe eingesetzt, die bei einem Austritt in die Abwässer Umweltschäden verursachen. Im Falle einer solchen Wasserverschmutzung, wird das Unternehmen verpflichtet für die auftretenden Umweltschäden sowie deren Beseitigung aufzukommen. Um das Risiko eines Austritts zu minimieren und somit dadurch auftretenden Kosten und Umweltschäden zu vermeiden, können Sicherheitsvorkehrungen bei der Lagerung und im Umgang der Stoffe getroffen werden.[29]

Um externe Kosten einsparen zu können haben Unternehmen als Verursacher externer Effekte das Ziel, diese möglichst zu vermeiden bzw. gering zu halten. Durch reduzierten Energieverbrauch können die genannten Kosten eingespart, Emissionsgrenzwerte eingehalten und Wettbewerbsvorteile erzielt werden. Steigende Energie-, Treibstoff-, Lager- und Materialkosten begünstigen dabei zusätzlich die Umsetzung einer ökologisch ausgerichteten Logistik.[30] Laut einer Studie des Deutschen Speditions- und Logistikverbandes (DSLV), die in Zusammenarbeit mit dem Institut für Nachhaltigkeit in Verkehr und Logistik (INVL) der Fachhochschule Heilbronn durchgeführt wurde, setzen 83% der befragten Logistikunternehmen nach eigenem Verständnis bereits heute Maßnahmen zur ökologischen Logistik um.[31]

---

29 Vgl. Schwermer (2007), S. 11 und Arnold u.a. (2008), S. 1029.

30 Vgl. Günthner u.a. (2009), S. 19.

31 Vgl. Lohre, Herschlein (2010), S. 8.

Ökologische
Unternehmensstrategie

Ökologische   Ökologische
Wertschöpfungs-   Intralogistik
netzwerke   und Produktion

Ökologische
Unternehmenskultur

Abb. 2: Handlungsfelder einer ökologischen Logistik[32]

Diese organisatorischen und technischen Maßnahmen, die seitens der Unternehmen einem effizienten Ressourcenverbrauch und der dadurch verbundenen Reduzierung von Umweltbelastungen und Emissionen oder Gewinnung von Transparenz logistischer Prozesse dienen, tragen zu einer ökologischen Logistik bei.[33] Aktivitäten zum Erreichen einer ökologischen Logistik können in vier Handlungsfeldern umgesetzt werden. Wie in Abb. 2 dargestellt untergliedern sich diese Bereiche in

– ökologische Unternehmensstrategie,

– ökologische Unternehmenskultur,

– ökologische Wertschöpfungsnetzwerke,

– ökologische Intralogistik und Produktion.

Eine ökologische *Unternehmensstrategie* verlangt, ökologische Zielsetzungen langfristig in den Unternehmensleitlinien zu verankern und diese auch aktiv durchzuführen. So spielen neben den Kosten logistischer Aktivitäten, Zeit und Qualität nun auch ökologische Zielgrößen bei der Planung zukünftiger Logistikstrukturen eine Rolle. Von der Beschaffung über die Produktion bis hin zur Distribution von Gütern muss die Strategie in allen Unternehmensbereichen verankert und verinnerlicht werden. In all diesen Bereichen bieten sich Möglichkeiten, die

---

[32] Quelle: Günthner u.a. (2009), S. 28.

[33] Vgl. Lohre, Herschlein (2010), S. 18 ff.

9

aus der ökologischen Unternehmensstrategie abgeleiteten Teilziele zu erreichen.[34] Hierzu ist es notwendig, geeignete ökologische Kenngrößen zu entwickeln, um diese vergleichen zu können. Beispielsweise kann im Produktionsumfeld neben Werten wie Durchlaufzeit, Termintreue, Bestandsgröße und Auslastungsgrad auch die Energieeffizienz gemessen werden.[35]

Die ökologische *Unternehmenskultur* sollte im ganzen Unternehmen verankert sein. Die Mitarbeiter, als ausführende Kräfte, sollten die ökologische Unternehmensstrategie akzeptieren und von ihr überzeugt sein. Ihre Arbeitshandlungen müssen dem Ziel dienen, Umweltwirkungen zu vermeiden. Durch Schulungen kann die Überzeugung, ökologisch zu handeln, auf die Mitarbeiter übertragen werden. Ökologische Fahrertrainings können beispielsweise zu einem angepassten Fahrstil führen, der Kraftstoffverbrauch einspart.[36]

Ein *Wertschöpfungsnetzwerk* oder Supply Chain, „umfasst alle Lieferanten, Dienstleister, Hersteller, aber auch Händlerstufen, die an Erstellung und Vertrieb eines Produktes beteiligt sind".[37] Durch die Gestaltung des Wertschöpfungsnetzwerks kann Einfluss auf die Transportwege genommen werden. Die geografische Lage der Netzwerkpartner kann hinsichtlich der Entfernungen zueinander optimiert werden. Standorte werden möglichst kundennah angeordnet. In Konsolidierungszentren werden Sendungen verschiedener Lieferanten für einen Kunden gebündelt. Die Anzahl der Transporte wird verringert, Transportauslastung und die Transporteffizienz steigen. Bei Warentransporten zwischen den einzelnen Netzwerkpartnern können ökologische Auswirkungen durch die Wahl des Verkehrsmittels reduziert werden. Der Schienenverkehr verursacht neben der Binnenschifffahrt den geringsten Schadstoffausstoß.[38] Die Einbeziehung umweltschonender Verkehrsmittel kann zu einer Reduzierung der Emissionen führen. Der Einsatz von Transportmitteln muss bereits bei der Planung der Standorte berücksichtigt werden. Bahn und Schiff verfügen über eine weniger ausgeprägte Infrastruktur wie beispielsweise der Straßenverkehr. Die Erreichbarkeit von Bahnhöfen oder Häfen spielt somit auch in der Standortplanung eine Rolle.[39]

---

[34]   Vgl. Günthner u.a. (2009), S. 16 ff.

[35]   Vgl. Hellingrath, Schürrer (2009), S. 17.

[36]   Vgl. Günthner u.a. (2009), S. 76 ff.

[37]   Günthner u.a. (2009), S. 44.

[38]   Vgl. ifeu (2008), S. 38.

[39]   Vgl. Günthner u.a. (2009), S. 48 ff.

Durch die Gestaltung und Anpassung der Prozessabläufe innerhalb des Wertschöpfungsnetzwerks können Umweltwirkungen verringert werden. Beispielsweise kann das Vendor Management Inventory Versorgungsprozesse verbessern. Hierbei hat der Zulieferer Zugriff auf den Lagerbestand und die Nachfrage des Kunden. Der Zulieferer weiß genau, wann der Kunde welche Menge an Ware benötigt und kann so seine Transporte effizienter planen. IT-Systeme, die eine durchgängige Betrachtung der Prozesse zwischen allen Netzwerkpartnern gewährleisten, können bei der Umsetzung dieser Maßnahmen helfen. Eine gute informationstechnische Vernetzung zwischen den Netzwerkpartnern fördert die Kommunikation, Koordination, schafft Transparenz und hilft, Prozesse zu optimieren.[40]

Im Bereich *Intralogistik und Produktion* helfen insbesondere moderne technische Anlagen, Ressourcen und Energie einzusparen. Hierzu zählen energieeffiziente Förder- und Produktionstechnik, Anlagen zur Energiespeicherung, -wandlung und -rückgewinnung. Intelligente Beleuchtungssysteme senken den Energieverbrauch von Gebäuden. Dabei kommen Energiesparlampen und Bewegungssensoren für eine bedarfsgerechte Beleuchtung zum Einsatz. Neben energieeffizienten Maschinen tragen auch optimale Prozessabläufe im Lager zu einer ökologischen Logistik bei. Durch den Einsatz spezieller IT-Systeme werden Anlagen bedarfsgerecht an- und abgeschaltet, am Computer visualisierte Materialströme vermeiden die Verschwendung von Ressourcen. Im Lager kann beispielsweise der Einsatz von Flurförderfahrzeugen überwacht und geplant oder Lagerflächen optimal ausgenutzt werden.[41] In der Produktion tragen effizienter Materialeinsatz und der bewusste Umgang mit Produktionsressourcen zu einer ökologischen Logistik bei. Qualitätsverbesserungen, optimiertes Produktdesign und die Reduzierung von Verschnitt und Abfall sind Beispiele für Maßnahmen, die zu einem effizienten Einsatz von Rohstoffen und Materialien beitragen. Grundlage für Verbesserungen ist die genaue Kenntnis der Stoffströme im Produktionssystem. IT-Systeme schaffen eine solche Basis und ermöglichen eine wirksame Optimierung der Produktionsprozesse.[42] Software zur Verpackungsoptimierung unterstützt „die optimale Auslastung der Transportkapazitäten durch Berechnung der idealen räumlichen Anordnung von Waren, bis hin zur Gestaltung der Verpackungen".[43] Hierdurch können Transporte eingespart werden.

---

[40]   Vgl. Voigt (2008), S. 35 und Kranke (2008), S. 28 und Günthner u.a. (2009), S. 51 ff.

[41]   Vgl. Günthner u.a. (2009), S. 65 f.

[42]   Vgl. Dyckhoff, Souren (2007), S. 196 f.

[43]   Hellingrath, Schürrer (2009), S. 20.

3 IT-Systeme für eine ökologische Logistik

3.1 Anforderungen an eine IT-Systemunterstützung

Um Potenziale zum Erreichen einer ökologischen Logistik identifizieren und Maßnahmen durchführen zu können, werden verschiedene Anforderungen an die Eigenschaften der genutzten IT-Systeme gestellt. Sie helfen durch Schaffung von Transparenz die Komplexität logistischer Strukturen und Prozesse nachzuvollziehen und in den Griff zu bekommen.

Erreicht wird diese Transparenz durch die detaillierte Abbildung des gesamten Logistiknetzwerks bis hin zur Darstellung einzelner Produktionsschritte. Dies ermöglicht dem Anwender die Planung logistischer Netzwerkstrukturen und Abläufe wie Warentransport, Produktion, oder Verpackung von Gütern. Zur Planung optimierter Prozesse und Strukturen bieten die IT-Systeme Algorithmen, die eine Optimierung hinsichtlich verschiedener Kennzahlen wie Ressourcenverbrauch, verursachter Prozesskosten oder zurückgelegter Wegstrecke ermöglichen. Die Simulation verschiedener Szenarien prognostiziert solche Kennzahlen und ermöglicht den Vergleich mehrerer Planungsalternativen. Zur Bewertung der logistischen Prozesse oder des gesamten Systems bieten die IT-Systeme Methoden zur Bestimmung verschiedener Kennzahlen. Ökologische Kennzahlen zu Emissionsausstoß o.ä., aber auch Werte zu Lagerauslastung oder entstehende Materialkosten werden ermittelt.[44]

Die Planung und Bewertung logistischer Abläufe oder Kennzahlen unterstützen die IT-Systeme durch eine geeignete grafische Visualisierung. Kennzahlen werden mit Hilfe von Diagrammen grafisch aufbereitet, Materialströme und Logistikstrukturen anhand gerichteter Graphen, des Lagerlayouts oder Landkarten verdeutlicht. Mehrdimensionale Abbildungen etwa von Produktionsbereichen oder Verpackungseinheiten gewährleisten eine realitätsnahe Planung.

Zur Steuerung der Logistik bieten die IT-Systeme Schnittstellen, um Informationen in Echtzeit weiterzuleiten. Sobald eine Information entsteht wird sie für andere, im logistischen Netzwerk befindlichen IT-Systeme, bereitgestellt. Dies gewährleistet eine überschneidungsfreie und einheitliche Steuerung logistischer Aktivitäten. Die inner- und überbetriebliche Positionsbestimmung und Ortung logistischer Objekte ermöglicht die exakte Verfolgung von Waren und Materialien. Eine permanente Dokumentation von Ereignissen und dem Prozessfortschritt ge-

---

[44] Vgl. Hellingrath, Kuhn (2007), S. 15 f.

ben einen zeitnahen Überblick über den Netzwerkzustand sowie über die zur Verfügung stehenden Ressourcen.[45]

3.2 Systemklassifikation

Ausgehend von den in Kapitel Ökologische Logistik erläuterten Handlungsfeldern Werstschöpfungsnetzwerk, Intralogistik und Produktion, sowie den abgeleiteten Anforderungen an eine IT-Systemunterstützung, können Softwaresysteme, die eine ökologische Logistik unterstützen, in fünf Kategorien eingeteilt werden. Abb. 3 verdeutlicht, dass unter der aktuell am Markt existierenden Software zwischen der Transportplanung, Lagerplanung, Produktionsplanung, Verpackungsplanung sowie Netzwerkplanung unterschieden werden kann.

Um aus der Masse der existierenden IT-Systeme einzelne zur Betrachtung auszuwählen, werden Auswahlkriterien festgelegt. Dazu werden in dieser Arbeit nur Systeme betrachtet, die eine direkte Bilanzierung ökologischer Kenngrößen wie Ressourcen- und Energieverbrauch oder Schadstoffausstoß gewährleisten. Diese Systeme bieten Funktionen zum Berechnen oder Messen der angesprochenen ökologischen Werte. In den einzelnen Teilbereichen werden die klassifizierten IT-Systeme analysiert und Anforderungen an den Funktionsumfang der Systeme erstellt. Der Schwerpunkt der Analyse liegt auf Funktionen, die eine Planung, Steuerung oder Bewertung ökologischer Logistik unterstützen. Die Abgrenzung der einzelnen Teilbereiche sowie die Auswahl der Beispielsysteme wird im Folgenden kurz erläutert.

Systeme zur *Transportplanung* bieten Funktionen für die Planung von effizienten Transportrouten und Berechnung des Schadstoffausstoßes. Als Beispielsystem wird Map&Guide vorgestellt, welches sich durch die Möglichkeit der Unterstützung von Klimaschutzprojekten von den restlichen, untersuchten Systemen abhebt.

---

[45] Vgl. Hellingrath, Kuhn (2007), S. 18.

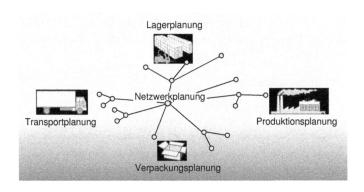

Abb. 3: Klassifikation der IT-Systeme in der Logistik

Im *Lagerbereich* ermitteln die IT-Systeme den Energieverbrauch von Förderanlagen und sorgen dafür, dass nur die tatsächlich benötigte Energie bereitgestellt wird. Die Anforderungen werden anhand des Softwaretools viad@t vorgestellt. Es bietet als einziges betrachtetes System Funktionen zum Überwachen des Energieverbrauchs im Lager.

Bei der *Produktionsplanung* liegt der Fokus auf Systemen, mit denen die in der Produktion verwendeten Materialien und Energien modelliert und analysiert werden können. Es werden nur Systeme betrachtet, die zusätzlich die Analyse von Umweltwirkungen der Produktherstellungsprozesse unterstützen. Das Beispielsystem Simapro hebt sich durch die umfangreiche Anzahl der Berechnungsmethoden für Umweltwirkungen von den restlichen untersuchten Systemen ab.

Die *Verpackungsplanung* optimiert den Materialverbrauch bei Verpackungen und sorgt für eine effiziente Auslastung von Verpackungs- und Verkehrsträgern. Im Umfeld der Verpackungsplanung existieren zum Zeitpunkt dieser Arbeit noch keine IT-Systeme, die solche Werte bilanzieren. Software in diesen Bereichen unterstützt die ökologische Logistik rein über die Optimierung von Prozessen und Ressourcen. Als Beispielsystem wird das Softwarepaket UNIT vorgestellt. Mit dessen Hilfe kann neben Art und Form von Verpackungen, auch die Ausnutzung von Pack- und Ladevolumen ressourceneffizient geplant werden.

Zentrale IT-Systeme zur *Netzwerkplanung* integrieren die einzelnen Aufgaben und Funktionen der Transport-, Lager-, Produktions- und Verpackungsplanung über die gesamte Supply Chain zu einem Komplettsystem. Neben der Feinplanung einzelner Logistikprozesse unterstützen diese IT-Systeme auch die grobe Struktur- und Standortplanung. Die Software 4flow vista wird als Beispielsystem betrachtet. Im Gegensatz zu den weiteren betrachteten Systemen ermöglicht die Software die Berechnung und Visualisierung verschiedener Emissionswerte für den Transport zwischen den Netzwerkpartnern.

3.3 Transportplanung

3.3.1 Anforderungen

Im Transportbereich können insgesamt vier IT-Systeme identifiziert werden, die eine direkte Bilanzierung ökologisch relevanter Faktoren vornehmen. Diese Faktoren beschränken sich auf die beim Transport ausgestoßenen Emissionen. Die Anzahl der bilanzierten Emissionen reicht von der Ausweisung von CO_2-Emissionen bis hin zur Berechnung aller fünfzehn Schadstoffe.[46] Die Emissionswerte werden dabei von mehreren Faktoren beeinflusst. Neben dem Gewicht der zu transportierenden Last sind auch die Schadstoffwerte der Verkehrsträger sowie deren Gewicht und Kraftstoffart mit einzubeziehen. Der Anwender sollte diese Daten manuell eingeben können, um möglichst genaue Emissionswerte zu erhalten. Streckenabhängige Einflüsse wie Autobahn- und Landstraßenanteile oder innerstädtische Straßen sind beim Transport per LKW mit einzubeziehen. Für die Berechnung der Emissionswerte greifen die Tools auf entsprechende Daten zurück. Für den LKW Transport ist dies bei den untersuchten IT-Systeme das Handbuch Emissionsfaktoren (HBEFA) des Umweltbundesamtes, welches im Januar 2010 in der Version 3.1 erschienen ist. Auch für Verkehrsmittel wie Bahn, Schiff oder Flugzeug wurde beispielsweise vom Institut für Energie- und Umweltforschung Heidelberg eine entsprechende Datengrundlage geschaffen.[47] Neben der Berechnung von Emissionen können weitere Kennzahlen wie Entfernung, Treibstoffverbrauch, Treibstoff- oder Mautkosten berechnet werden.

Die Planung und Optimierung der Transportwege erfolgt durch Berechnung der Transportrouten. So können Routen hinsichtlich der Emissionswerte, Wegstrecke, Zeit oder Kosten optimiert werden. Dabei spielt auch die eventuelle Reihenfolge, in der Kunden angefahren werden eine Rolle. Bei einem sogenannten Milkrun werden mehrere Lieferungen gebündelt und verschiedene Kunden auf einer Route beliefert. Dies spart gegenüber einer Direktlieferung an jeden Kunden neben Kosten auch Emissionen. Die IT-Systeme bieten Funktionen zur Optimierung solcher Routen. Durch einen Vergleich der Emissionen verschiedener Verkehrsträger und

---

[46] Ein Motor produziert bis zu fünfzehn verschiedene Emissionen. Vgl. Keller u.a. (2004), S. 17.

[47] Die Daten entstanden im Rahmen des Softwareprojekts EcoTransIT und sind in ifeu (2008) dokumentiert.

Strecken können Transportfahrten hinsichtlich der ausgestoßenen Schadstoffe optimiert werden. Auch Wegstrecken, Zeiten oder Transportkosten können durch den Vergleich mehrerer Szenarien optimiert werden.

Die Gestaltung von Transportnetzwerken wird nicht von allen IT-Systemen unterstützt. Die Software XCargo beschränkt sich nicht nur auf die Optimierung von Transportrouten. Sie legt gleichzeitig auch Anzahl und Lage von Dispositionsstandorten fest.

Die Ergebnisse der Optimierung werden dem Anwender in verschiedener Art und Weise dargestellt. Neben der Visualisierung der Strecke über virtuelle Landkarten werden die berechneten Emissionen, Kosten, Entfernungen oder Zeiten in tabellarischer Form oder mit Hilfe von Diagrammen abgebildet. Schnittstellen ermöglichen es, Daten zu importieren, oder sie in weitere Systeme zu exportieren.

Unterschiede treten bei den betrachteten Softwaretools bei den Systemvoraussetzungen und Preisen auf. Einige browserbasierte, frei zugängliche Angebote wie EcoTransIT benötigen lediglich eine Internetverbindung und können von überall abgerufen werden. Professionelle Routenoptimierungssoftware arbeitet mit eigener Benutzeroberfläche. Die Lizenzkosten hierfür richten sich nach dem Umfang des bezogenen Kartenmaterials.

3.3.2 IT-System Beispiel: Map&Guide

Das Softwaretool Map&Guide Professional 2010 ist ein LKW-Routenplaner der Firma Planung Transport Verkehr AG (PTV). Zur Planung und Steuerung von Transportrouten berechnet die Software Kennzahlen zu Entfernung, Transportkosten und Emissionen. Neben der Optimierung hinsichtlich der schnellsten oder kürzesten Strecke berechnet die Software auch die kostenoptimale Route. Sollen verschiedene Ziele angefahren werden, berechnet Map&Guide auch die optimale Reihenfolge, in der diese angesteuert werden. Bei der Tourenoptimierung werden verschiedene Parameter wie Geschwindigkeitsbeschränkungen, Zeitfenster oder die Einhaltung von Lenk- und Ruhezeiten mitberücksichtigt. Um die für den Transporteur beste Route auszuwählen, können mehrere Strecken miteinander verglichen werden. Es können Szenarien mit unterschiedlichen Strecken und Optimierungsparametern durchgeführt werden.

Die Fuhrparkverwaltung bietet die Möglichkeit für jeden LKW ein eigenes Fahrzeugprofil anzulegen. Hier können wagenspezifische Daten wie Abgasnorm, Fahrzeugtyp oder Gewicht hinterlegt werden. Anhand dieser Daten wird jeder Route das optimale Fahrzeug zugewiesen.

Zur ökologischen Bewertung der Transporte werden in Map&Guide die Schadstoffe CO_2, CO, HC, NO_x, PM, SO_2 sowie laut Hersteller noch weitere Stoffe bilanziert (vgl. Abb. 4). Als Datengrundlage dient die aktuellste Version des HBEFA. Für die Emissionsberechnung können die Parameter

- Transportklasse,
- Transportgewicht,
- Emissionsklasse des LKW,
- Gewicht des LKW sowie die
- Kraftstoffart

manuell eingegeben werden.[48]

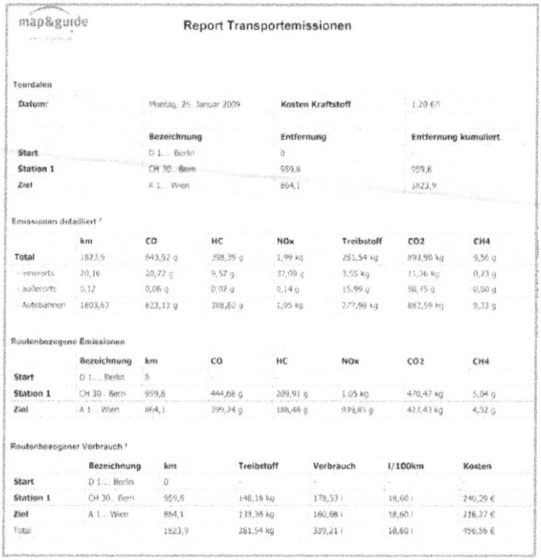

Abb. 4: Map&Guide Emissionsreport [49]

Das Befahren von Autobahnen, inner- oder außerörtlichen Straßen, Steigungen oder Gefälle verursacht unterschiedlichen Schadstoffausstoß. All diese Einflussfaktoren berücksichtigt Map&Guide bei der Berechnung der Emissionen. Um den Schadstoffausstoß durch ökologische Projekte auszugleichen, bietet die Software

---

48 Vgl. PTV AG (2010a), S.1.

49 Quelle: PTV AG (2010a), S.1.

eine Schnittstelle zu den Organisationen myclimate sowie goClimate, die sich auf Maßnahmen zum Umweltschutz spezialisiert haben. Die Organisationen bieten den Kauf von Zertifikaten an, deren Erlös in Umweltschutzmaßnahmen investiert wird. So kann der Emissionsausstoß direkt aus der Software heraus kompensiert und klimaneutrale Transporte angeboten werden. Um Leerfahrten zu vermeiden oder die Transportauslastung zu erhöhen bietet die Software eine Schnittstelle zur internetbasierten Frachtenbörse Teleroute. Hier kann leerer oder nur teilweise ausgelasteter Laderaum angeboten und mit Gütern gefüllt werden. Ein weiteres Feature, welches auf ökologische und ökonomische Effizienz abzielt, ist die Anzeige des Verkehrsaufkommens. Zu jeder Route wird der Verkehrsfluss zu verschiedenen Tageszeiten in Form von Balkendiagrammen dargestellt. Die Berechnung beruht auf Daten der Firma NAVTEQ. Zusätzlich werden auf jeder Strecke auftretende permanente Störungen wie z.B. Dauerbaustellen aufgelistet. Hierdurch können die Fahrzeiten präziser kalkuliert werden. Eventuell auftretende Staus in der Hauptverkehrszeit können bei der Planung der Route mitberücksichtigt und umfahren werden. Dies spart neben Zeit auch Kraftstoff und Kosten. Auch der Kraftstoffverbrauch, die dafür anfallenden Kosten, sowie länderspezifische Mautkosten werden in Map&Guide ermittelt.

Die berechneten Routen werden dem Nutzer über Karten mit unterschiedlichem Detaillierungsgrad angezeigt. Benutzereingaben können direkt über die Benutzeroberfläche getätigt und im Streckenverlauf sofort sichtbar gemacht werden (vgl. Abb. 5). Map&Guide ermöglicht die Erstellung verschiedener Alternativrouten, aus denen der Anwender die für ihn optimale wählen kann. So können verschiedene Routen hinsichtlich Kosten oder Emissionen miteinander verglichen werden.

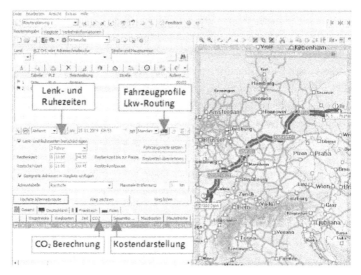

Abb. 5: Map&Guide Benutzeroberfläche [50]

Werden die im Einsatz befindlichen LKW mit dem zusätzlich erhältlichen Navigationssystem Map&Guide truck navigator ausgestattet, ermöglicht Map&Guide Professional die Ortung von Fahrzeugen via GPS. Der aktuelle Standort der Fahrzeuge wird auf einer Karte angezeigt. So kann auf kurzfristig auftretende Verzögerungen wie Staus oder ähnliches schnell reagiert werden und Strecken und Kapazitäten neu berechnet werden.

Die Map&Guide Professional 2010 Software ist inklusive einer auswählbaren Straßenkarte ab 799€ erhältlich. Das verfügbare Kartenmaterial ist auf Europa beschränkt. Da die Software nur für den Straßenverkehr ausgelegt ist, gibt es keine Möglichkeit der Differenzierung verschiedener Verkehrsmittel. Die Betrachtung des kombinierten Verkehrs könnte weitere ökonomische und ökologische Optimierungsmöglichkeiten aufzeigen.[51]

3.4 Lagerplanung

3.4.1 Anforderungen

Im Lagerbereich existieren IT-Systeme, die dabei helfen Waren so zu verstauen und zu transportieren, dass möglichst wenig Zeitaufwand entsteht. Die Systeme

---

[50]   Quelle: PTV AG (2010b), S. 1.

[51]   Vgl. PTV AG (2010b), S. 1 ff.

sorgen für möglichst kurze Ein- und Auslagerwege, hohe Lagerplatzauslastung und kurze Zugriffszeiten.

Lagermanagementsysteme sind modular aufgebaut. Je nach Einsatzzweck können Module implementiert oder weggelassen werden. Funktionen zur Lagerplanung ermöglichen die Planung, Steuerung und Überwachung des Lagerlayouts. Über Regalnummern können Lagerpositionen automatisch zugewiesen und angesprochen werden. Spezielle Lagerbereiche für Gefahrgut oder mit speziellen Temperaturvorgaben können eingerichtet werden. Die Lagerverwaltung überwacht Mindesthaltbarkeitsdaten, Bestände und Warenströme. Sie ermöglicht optimale Bestell- und Verbrauchsintervalle. Im Wareneingangsbereich werden einzulagernde Güter im System erfasst. Informationen wie Seriennummern werden zur Identifizierung in einer Datenbank hinterlegt, Barcodeetiketten und Belege können erstellt und ausgedruckt werden. Funktionen zur Qualitätssicherung ermöglichen es den Mitarbeitern Informationen über Gewichte und Mengen einzulagernder Waren einzutragen und mit den Vorgaben der Bestellung abzugleichen.

Beim Transport von Waren kann im Lagerbereich elektrische Energie eingespart und so zu einer ökologischen Logistik beigetragen werden. Das Materialflusssystem nimmt Transportaufträge entgegen und leitet entsprechende Anweisungen an Maschinen und Mitarbeiter weiter. Es sorgt für den reibungslosen Warenfluss im Lager und steuert Ein- und Auslagerungsprozesse. Die Steuerung von Förder- und Lagertechnik ermöglicht lastbezogene Fahrgeschwindigkeiten. Je nach Auslastungsgrad der Anlage können z.B. computergesteuerte Regalbediengeräte mit niedriger, mittlerer oder hoher Geschwindigkeit gefahren werden. Auch die Beschleunigung kann angepasst und somit Energieverbrauch eingespart werden. Die Visualisierung des gesamten Lagerlayouts, einzelner Anlagen und Arbeitsbereiche ermöglicht die Überwachung des Materialflusses. Abläufe werden protokolliert, Daten, Kennzahlen und Statistiken bereitgestellt. Funktionen zur Überwachung und Steuerung des Materialflusses helfen bei der Vermeidung von Blockaden und Stausituationen. Störungen werden erkannt und durch Ermittlung alternativer Routen behoben. Dabei müssen Restriktionen wie z.B. Temperatur oder Explosionsgefahr in einzelnen Lagerbereichen berücksichtigt werden.

Die Disposition von Transportfahrzeugen wird in Lagermanagementsystemen von speziellen Staplerleitmodulen übernommen. Transportaufträge werden automatisch geeigneten, verfügbaren Einheiten zugewiesen. Transporte können gebündelt und z.B. mehrere Produktionsinseln angefahren werden. Das System ermittelt optimale Routen und berücksichtigt dabei auch die Reihenfolge und Zeitpunkte, in der einzelne Stätten angesteuert werden. Durch Kombination von Ein- und Auslagerungen wird auf den Transportwegen immer etwas transportiert und die Anzahl unnötiger Leerfahrten vermindert. Das Staplerleitsystem optimiert Wege und Auslastung der Einheiten, senkt die absolute Anzahl von Transporten und schont den Energieverbrauch.

Sowohl der Materialfluss als auch die Disposition und Leitung der Transporteinheiten können durch Lokalisierungstechniken unterstützt werden. Dafür bieten die Lagermanagementsysteme Schnittstellen für Radio Frequency Identification (RFID). RFID ermöglicht eine permanente Positionsverfolgung von Transporteinheiten oder Materialströmen. Hierdurch kennt das System immer den genauen Status der Einheiten und kann die Ressourcen optimal auslasten.

Auch die Kommissionierung von Waren wird von den IT-Systemen unterstützt. Hierzu zählen beispielsweise verschiedene Picktechniken[52] wie dynamische Pickbereiche, in denen die Ware von Robotern automatisch kommissioniert und zum Verpacken bereit gestellt wird. Auch manuelle Kommissionierung wird unterstützt. Das System erteilt Anweisungen, wo und wie die Ware am schnellsten zu erreichen ist. Der Kommissionierer kommuniziert beispielsweise mittels Sprache mit dem System und wird effizient von diesem geleitet.

Funktionen zum Energiemanagement im Lager messen und bilanzieren den Ressourcenverbrauch technischer Anlagen. Mit Hilfe dieser Informationen können Anlagen in Zeiten geringer Auslastung in Stromsparmodi versetzt und der Stromverbrauch gesenkt werden. Gleich aufgebaute Regalbediengeräte können anhand der Energieverbrauchsdaten miteinander verglichen und ineffizienter Betrieb erkannt werden.

3.4.2 IT-System Beispiel: viad@t

Die viastore systems GmbH bietet mit ihrem Softwarepaket viad@t 7.0 ein modular aufgebautes System an, mit dem sowohl kleine Lager mit geringem Umschlag als auch große Distributionszentren gesteuert und verwaltet werden können. Der Funktionsumfang der Software kann je nach Anforderung, Leistung und Anlagentyp variabel gestaltet werden. Das System bietet Mehrsprachigkeit und ist plattformunabhängig.

Im Wareneingang werden Waren mittels Seriennummern in das System aufgenommen. Zusätzlich können Daten zu Mindesthaltbarkeitsdatum, Gewicht oder

---

[52] „Picken" beschreibt die Tätigkeit, Ware aus dem Lager zu entnehmen.

Menge hinterlegt werden. Freitextfelder für das Qualitätsmanagement bieten die Möglichkeit weitere Informationen individuell für Waren zu erfassen. Entspricht die Ware nicht den Anforderungen können Retourscheine erstellt und im System entsprechend verbucht werden. Zur Einlagerung ermittelt viad@t den optimalen Lagerplatz der Ware. Es berücksichtigt dabei verschiedene Lagerstrategien, die der Anwender selbst festlegen kann. Die Software kann beispielweise stark nachgefragte Waren so anordnen, dass auf dem kürzesten Weg auf sie zugegriffen werden kann. Kommissionieraufträge werden gebündelt und die Prozesse so optimiert, dass die Wege der Mitarbeiter oder Transporteinheiten möglichst kurz sind. Viad@t bietet eine Auswahl verschiedener Kommissioniertechniken wie Pick-by-voice oder Pick-by-light an. Das System verwaltet Bestände und ermittelt optimale Bestellzeitpunkte. Bestellungen können direkt in Auftrag gegeben werden. Kennzahlen und Statistiken zu Auslastungen, Durchlaufzeiten oder Ähnlichem können mit der Software erstellt werden.

Abb. 6: Viad@t Materialfluss eines automatischen Palettenlagers [53]

Auch das Layout des Lagers lässt sich in viad@t planen. Beliebige Anordnungen von Regalen, Anlagen und Bereichen können erstellt werden. Das integrierte Staplerleitsystem berechnet optimale Transportwege und führt den Mitarbeiter oder das vollautomatische Transportsystem auf kürzesten Wege durch das Lager. Über das Materialflusssystem können Warenströme verfolgt, Abarbeitungsstatus

---

[53] Quelle: Warehouse Logistics (2010).

angezeigt und Ressourcenauslastungen ermittelt werden. Die in Abb. 6 dargestellte grafische Oberfläche informiert über Materialbewegungen, Transportaufträge, Störungen oder Engpässe in einzelnen Lagerbereichen. Treten Störungen auf, leitet das System Waren möglichst optimal um. Das RFID-Modul ermöglicht die Lokalisierung von Waren und Transporteinheiten. Auftragsdurchläufe können simuliert werden, um Ressourcen optimal einplanen zu können.[54]

Das integrierte Energiemanagement ermöglicht die Erfassung des Stromverbrauchs technischer Anlagen im Lagerbereich. Viad@t speichert die Daten der Energiemessung ab und ermittelt den optimalen Leistungsbedarf der Anlage. Das System sorgt dann für die bedarfsgerechte Bereitstellung der benötigten elektrischen Energie. Manuell oder automatisch können z.b. Regalbediengeräte, Förderanlagen oder fahrerlose Transportsysteme in verschiedenen Modi von Standby bis Full-Speed stromsparend eingesetzt werden.[55]

Die viastore systems GmbH stellt neben dem vorgestellten Softwaresystem auch technische Anlagen für den Lagerbereich her. Förderanlagen, Kommissionierroboter oder Regalbediengeräte können zusammen mit dem Softwaretool viad@t aus einer Hand bezogen werden und gewährleisten optimale Interaktion.

3.5 Produktionsplanung

3.5.1 Anforderungen

Im Produktionsbereich werden IT-Systeme u.a. dazu eingesetzt, Material- und Energieströme, die bei der Herstellung eines Produktes entstehen, abzubilden und zu analysieren. Der Detaillierungsgrad, mit denen diese Prozesse modelliert werden, kann vom Anwender selbst festgelegt werden. Einzelne Fertigungsabschnitte können abgebildet und zu Baugruppen miteinander verknüpft werden. Der Anwender ordnet den einzelnen Prozessbausteinen Inputs und Outputs zu. Typische Beispiele für Inputs sind der Verbrauch natürlicher Ressourcen wie Holz und Wasser oder die Nutzung von Strom- und Heizenergie. Zu Outputs zählen u.a. Emissionen in Luft, Wasser oder Boden. Aber auch weitere Prozesse lassen sich als In- oder Output spezifizieren.

Die IT-Systeme verfügen über Prozessbibliotheken, aus denen der Anwender vordefinierte Prozessbausteine auswählen kann. Bausteine wie z.B. die Stromerzeu-

---

[54] Vgl. Viastore (2009a), S. 5 ff.

[55] Vgl. Viastore (2009b) S. 1 ff.

gung oder die Herstellung von Eisen sind bereits mit Werten zu Emissionen, Ressourcenverbrauch und anderen Umweltwirkungen hinterlegt. Die Bibliotheken können beliebig angepasst und durch eigene Prozesse erweitert werden. Darüber hinaus ermöglichen die IT-Systeme den Import externer Datenbanken. Hierfür stehen frei zugängliche Prozessbibliotheken wie die Probas Datenbank des Umweltbundesamtes oder kostenpflichtige Datenbanken wie die Ecoinvent Database des Schweizer Ecoinvent Centres zur Verfügung.[56] Die modellierten Stoffströme schaffen Transparenz und helfen dem Anwender Maßnahmen zur Verbesserung des Systems zu entwickeln. Die Softwaretools bieten die Möglichkeit Änderungen am modellierten Stoffstrommodell vorzunehmen und deren Auswirkungen sofort sichtbar zu machen. Durch die Simulation verschiedener Szenarien kann z.B. der Einsatz verschiedener Produktionsmaterialien miteinander verglichen werden. Um die modellierten Prozesse grafisch darzustellen, nutzen die Softwaretools sogenannte Sankey-Diagramme[57]. Energie- und Stoffströme werden mengenmäßig visualisiert und Änderungen werden sofort sichtbar.

Aufbauend auf den Stoffstrommodellen der Produktion bieten die IT-Systeme Unterstützung bei der Erstellung von Produktökobilanzen und Carbon Footprints. Die Produktökobilanz ist eine von der International Organization for Standardization (ISO) definierte Zusammenstellung der In- und Outputs sowie die Bewertung der Umweltwirkungen eines Produktsystems. Produkte werden über ihren kompletten Lebenszyklus hinsichtlich ihrer ökologischen Verträglichkeit analysiert und bewertet. In der Autoindustrie kann z.B. die Verwendung leichterer Werkstoffe zu einer Reduzierung des Benzinverbrauchs führen. Es stellt sich die Frage, ob diese Einsparungen durch erhöhten Energieaufwand in der Herstellung der Werkstoffe aufgewogen werden. Die Erstellung einer Ökobilanz ermöglicht die Untersuchung solcher Fragestellungen.[58]

Die sogenannte Wirkungsabschätzung wertet die modellierten Stoff- und Energieflüsse hinsichtlich ihrer Auswirkungen auf die Umwelt aus. Den einzelnen Prozessen werden entsprechende Umweltwirkungen zugeordnet. So können die unterschiedlichen Umweltwirkungen des gesamten Systems erfasst, quantifiziert und bilanziert werden. Einige IT-Systeme stellen dem Anwender verschiedene Ab-

---

[56] Eine Übersicht verfügbarer Datenbanken befindet sich auch der Homepage des Joint Research Centre der Europäischen Kommission: http://lca.jrc.ec.europa.eu/lcainfohub/databaseList.vm

[57] Sankey-Diagramme dienen der Darstellung von Güterflüssen. Gütermengen werden durch die Breite von Pfeilen abgebildet.

[58] Vgl. Hesse (2009), S. 23 f.

schätzungsmethoden zur Auswahl. Diese unterscheiden sich in Anzahl und Art der betrachteten Umweltwirkungen, sowie der Frage, welche Umweltwirkungen den Prozessen zugeordnet werden. Maximal werden vierzehn Umweltkategorien betrachtet, darunter u.a. der Ressourcenverbrauch, die Versauerung von Böden und Gewässern oder die Belästigung durch Geruch und Lärm.[59]

Auch durch den Gebrauch und die Entsorgung der Produkte entstehen Umweltwirkungen, die die Softwaretools in der Ökobilanz mit berücksichtigen. In den Prozessbibliotheken sind auch diese Prozesse hinterlegt und können modelliert werden. So werden ökologische Wirkungszusammenhänge einschließlich vor- und nachgelagerter Prozesse vollständig abgebildet. Über verschiedene Nutzungszeiträume hinweg können Analysen erstellt und ausgewertet werden.

Der Carbon Footprint stellt eine Vereinfachung der Ökobilanz dar. Er betrachtet ausschließlich die Emissionen, die das Produktsystem entlang des Lebenszyklus an die Luft abgibt. Allerdings existiert derzeit noch keine einheitliche Methode zur Berechnung des Carbon Footprints, sodass die IT-Systeme jeweils unterschiedliche Vorgehensweisen bei der Bilanzierung aufweisen.[60]

Auch die Kosten, die der Verbrauch der entsprechenden Ressourcen verursacht, lassen sich den Prozessen zuordnen. Änderungen bei den zur Produktion verwendeten Materialen und Mengen können hinsichtlich ökonomischer Größen dargestellt und ausgewertet werden.

Die Umweltwirkungen der einzelnen In- und Outputs werden aggregiert und in Form von Tabellen und Diagrammen dargestellt. Die Gegenüberstellung der Umweltwirkungen verschiedener Szenarien ermöglicht die Auswertung von Soll- und Ist-Werten. Der Anwender kann erkennen, welche Auswirkungen z.B. die Verwendung eines alternativen Materials auf die Lebenszyklusemissionen des Produktes haben.

3.5.2 IT-System Beispiel: Simapro

Die Ökobilanz-Software Simapro 7.2 wurde vom niederländischen Consultingunternehmen Pré Consultants entwickelt. Vertrieb, Beratung und Schulung der Software übernimmt in Deutschland die GreenDeltaTC GmbH. Das Softwaretool Simapro ist spezialisiert auf die Analyse von Umweltwirkungen, die ausgehend

---

[59] Für detaillierte Informationen zum Aufbau von Ökobilanzen sei auf KLÖPFFER, GRAHL (2009) sowie SIEGENTHALER (2006) verwiesen.

[60] Vgl. Hesse (2009), S. 23.

von der Produktion bis zur endgültigen Entsorgung eines Produktes entstehen. Die Software ist ab 2400€ erhältlich und die Nutzungslizenz auf ein Jahr befristet.

Bei der Modellierung der in der Produktion eingesetzten Materialien und Energien unterscheidet Simapro zwischen den Objekten Lebenszyklus, Baugruppe und Prozess. Der Lebenszyklus gibt ein einzelnes Produkt oder auch eine ganze Produktreihe an, für die später eine Ökobilanz erstellt werden soll. Die verschiedenen Bauteile, aus denen ein Produkt oder Produktsystem zusammengesetzt ist, werden als einzelne Baugruppen modelliert. Zur Herstellung der Baugruppen sind verschiedene Materialien und Energien notwendig. Der Anwender kann Materialien wie Plastik, Metall, etc. oder Energieverbrauch wie Stromverbrauch, Wärmeerzeugung, etc. auswählen. Diese Materialien und Energien werden in Simapro als Prozesse bezeichnet. Die Software bietet dem Anwender die Möglichkeit, die Prozesse aus insgesamt neun verschiedenen Prozessbibliotheken auszuwählen. Bestehende Datenbestände können beliebig editiert oder durch Hinzufügen noch nicht vorhandener Werte zu Umweltwirkungen erweitert werden. Der Anwender kann individuell auf die eigene Produktion abgestimmte Prozessdatenbanken anlegen. Hierzu unterstützt Simapro den Im- und Export verschiedener Datenformate wie csv oder EcoSpold. Die Prozesse werden vom Anwender mit entsprechenden Verbrauchsmengen hinterlegt. Simapro stellt das modellierte Produktionssystem wie in Abb. 7 verdeutlicht als Sankey-Diagramm grafisch dar.

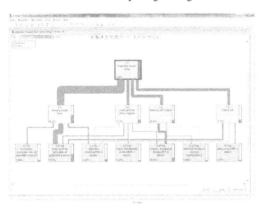

Abb. 7: Produktionsmodell einer Kaffeemaschine in Simapro

Für die Durchführung von Ökobilanzstudien über den gesamten Produktlebenszyklus hinweg kann das bereits modellierte Produktionssystem durch entsprechende Anpassungen erweitert werden. Prozesse wie der Transport oder das Recycling des Produktes können aus den Datenbanken zugeordnet werden. Für die

Ermittlung der Umweltwirkungen des Transports kann der Anwender das Verkehrsmittel wählen und die zurückgelegte Strecke eingeben. Für das Recycling können eigene Szenarien modelliert werden. Dazu können Materialien und Stoffe ausgewählt werden, die in der Produktion wiederverwertet oder komplett entsorgt werden. Auch hier können die Prozesse vom Anwender mit entsprechenden Mengenangaben hinterlegt werden. Die Berechnung der Umweltwirkungen, die das modellierte Produktionssystem aufweist, führt Simapro standardmäßig nach der Eco-Indicator99 Methode durch, die im Auftrag des Niederländischen Umweltministeriums von Pré Consultants entwickelt wurde. Insgesamt stellt die Software zwanzig verschiedene Methoden für die Berechnung von Ökobilanzen und Carbon Footprints zur Auswahl.[61]

Die einzelnen Prozessbausteine können in Simapro mit Beträgen zu Personal-, Transport-, Materialkosten, etc. hinterlegt werden. Die Software ermöglicht es verschiedene Szenarien zu erstellen und deren Umweltwirkungen sowie Lebenszykluskosten gegenüber zu stellen. Dazu müssen in Simapro lediglich die sich ändernden Parameter angegeben werden. Durch den Szenariovergleich kann ermittelt werden, welche zur Produktion verwendeten Materialien und Energien die geringsten Umweltwirkungen oder Recyclingkosten verursachen.

Zur Auswertung stellt Simapro die berechneten Werte der Umweltwirkungen in Form von Tabellen und Stabdiagrammen dar. In- und Outputtabellen bilden eine Übersicht aller verursachten Emissionen, verbrauchten Ressourcen, etc. Die einzelnen Daten werden je nach ausgewählter Berechnungsmethode zu Schadenkategorien wie z.B. Klimawandel, Flächennutzung, Verbrauch fossiler Brennstoffe zusammengefasst und deren Schadenspotenzial anhand von Diagrammen grafisch abgebildet. Das Einzelergebnis stellt dar, welche Schadenswerte die einzelnen Baugruppen verursachen. Die Schadensabschätzung verdeutlicht aus welchen Baugruppen sich die einzelnen Schadenswerte zusammensetzen (vgl. Abb. 8). Die Übersichten können für jeden Modellbaustein, also jeden Prozess, Lebenszyklus, etc. abgerufen werden.

---

[61] Die einzelnen, von Simapro unterstützten, Berechnungsmethoden sind in GOEDKOPP u.a. (2008) ausführlich dokumentiert.

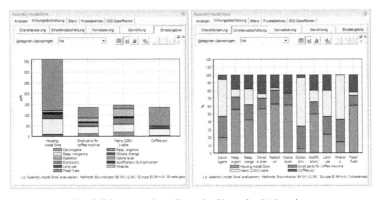

Abb. 8: Diagrammdarstellung der Umweltschäden einer
Kaffeemaschinenproduktion in Simapro

3.6 Verpackungsplanung

3.6.1 Anforderungen

IT-Systeme zur Planung von Verpackungen unterstützen den Anwender bei zwei
Fragestellungen. Einerseits soll eine optimale, ressourcenschonende Verpackung
ausgewählt werden. Andererseits soll die effiziente Nutzung des Verpackungsvo-
lumens durch eine optimale Anordnung der Packstücke gewährleistet werden.[62]

Die optimale Zusammenstellung von Packstücken verringert das Volumen und die
Anzahl der Pakete. Dadurch wird weniger Laderaum benötigt und die effiziente
Nutzung von Transportmitteln vermindert die Transportfrequenz, das Verkehrs-
aufkommen und somit auch die Umweltbelastungen. Der verringerte Materialverbrauch beim Packen von Waren spart Materialkosten.

Wie in Abb. 9 dargestellt findet die Optimierung von Verpackungen und Transportmitteln in den IT-Systemen auf verschiedenen Stufen statt. Angefangen bei
der Verpackung der Produkte in Kisten oder Kartons, werden diese zu Sammelpackungen zusammengefasst, die dann auf Ladungsträgern wie Paletten oder Gitterboxen angeordnet werden. Die optimale Beladung der Transportmittel, z.B. Con-
tainer oder LKW, bildet die letzte Stufe.

---

[62] Gesenhoff, Hoffmann (2009), S. 43.

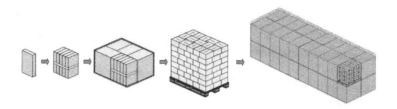

Abb. 9: Mehrstufige Verpackungsplanung über Basisobjekt, Sammelverpackung, Transportpackung, Palette bis zur Anordnung im LKW [63]

Für die Bestimmung der optimalen Anordnung der Packstücke müssen die Form und die Abmessungen der zu verpackenden Objekte in die Software übertragen werden. Neben der manuellen Eingabe bieten die Softwaretools bei komplexen Strukturen den Import von dreidimensionalen CAD-Modellen[64] an. Nebenbedingungen, die Einfluss auf die Verstauung von Waren nehmen, können vom Anwender eingegeben werden. Hierzu zählen Einschränkungen bei der Stapelhöhe, des Stauraums oder dem Gesamtgewicht. Angaben zur Be- und Entladereihenfolge werden ebenso berücksichtigt wie die zulässige Achslast beim Transport per LKW.

Die verschiedenen zur Auswahl stehenden Verpackungsmuster sind in Datenbanken hinterlegt. Die Software wählt automatisch den Ladungsträger aus und berechnet die Anordnung der Packstücke, die eine maximale Volumenausnutzung gewährleistet. Auch der Entwurf neuer Transportverpackungen ist mit den IT-Systemen möglich. Maßnahmen zum Beschädigungsschutz der Packobjekte werden von den Tools unterstützt. Einlagen oder Polsterungen können zwischen den Packobjekten platziert werden. Belastbarkeitsanalysen mit Kennzahlen zur Kippsicherheit, Festigkeitsberechnungen oder Fixierungsgrad der Packstücke liefern Daten zur Maximierung der Ladungssicherheit. Die erhöhte Ladungssicherheit vermindert das Risiko von Verkehrsunfällen und trägt so zu einer ökologischen Logistik bei.

Die von der Software erstellten Packschemen werden in Form von dreidimensionalen Abbildungen dargestellt. So können realitätsnahe Beladungs- und Verpackungsmuster simuliert werden. Automatisch werden Berichte generiert, die die Arbeiter beim Verpacken bzw. Beladen anleiten. Durch Schnittstellen zu Enterpri-

---

[63] Quelle: IML (2007), S. 1.

[64] CAD-Modelle sind komplexe, grafische Modelle von technischen Anlagen, Bauteilen, etc.,
       die mit Hilfe spezieller IT-Systeme entworfen werden.

se Ressource Planning-Systemen werden Stammdaten zu Produkten und Transporten direkt in die Verpackungssoftware importiert oder in der ERP-System-Datenbank gespeichert. Z.B. wird die Anzahl der in einem LKW transportierten Produkte automatisch in der ERP-System-Datenbank abgelegt. Dies ermöglicht die redundanzfreie Steuerung von Transporten und Lagerbeständen.

3.6.2 IT-System Beispiel: UNIT

Das UNIT-Programmpaket wurde vom Fraunhofer-Institut für Materialfluss und Logistik (IML) entwickelt. UNIT steht für Utilities for Numerical Methods and Information Technology in Packaging and Transport Logistics. Das Programmpaket besteht aus mehreren einzeln verfügbaren stand-alone Systemen, die beliebig miteinander kombiniert werden können.

Das Modul UNIT-PackOpti wird für die Gestaltung und Dimensionierung von Verpackungen sowie für die Planung und Optimierung von Ladeeinheiten eingesetzt. Zunächst wählt der Anwender die Geometrie des zu verpackenden Basisobjektes aus. Hierfür stehen verschiedene Formen zur Verfügung. Über das Modul PackComplex können alternativ auch komplexe Formen aus verschiedenen CAD-Formaten importiert werden. Die Abmessungen der Packobjekte sowie das Gewicht können vom Anwender angepasst werden. Anhand dieser Einstellungen wählt UNIT automatisch aus über 100 verschiedenen Verpackungsarten die optimale aus und ordnet die Packstücke so an, dass sie das Verpackunsgvolumen bestmöglich ausnutzen. Diese Produktverpackungen können zu Sammelpackungen bzw. Verkaufseinheiten zusammengefasst werden. Hierbei gehen Eingaben wie Anzahl und Dicke von schützenden Materiallagen oder die maximale Anzahl der Packobjekte pro Packung mit in die Auswahl der Transportverpackung ein. UNIT-Packopti stellt dem Anwender mehrere Packschemen mit unterschiedlicher Anordnung der Objekte zur Auswahl.

Um die Anordnung der Packstücke auf Ladeeinheiten zu optimieren, wählt der Anwender aus Ladungsträgern wie Paletten, Gitterboxen, etc. aus. Wie Abb. 10 verdeutlicht können Anforderungen an Gewicht, Stückzahl oder Lagenzahl manuell angepasst und Maßnahmen zur Ladungseinheitensicherung oder Angaben zur Sichtbarkeit von Etiketten definiert werden.[65]

---

[65] Vgl. IML (2007), S. 1 ff.

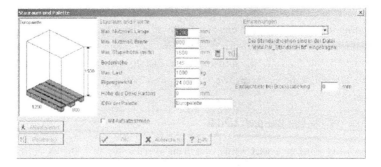

Abb. 10: UNIT-Packopti: Benutzeroberfläche für die Ladeträgeroptimierung [66]

Über das Modul LadeOpti lässt sich LKW-Laderaum optimal ausnutzen. Nutzlast und Volumen von Zugmaschine und Anhänger kalkuliert die Software bei der Anordnung mit ein. Werden mehrere Ziele angefahren, berücksichtigt die Software Be- und Entladereihenfolge der Ladungsträger. Dem Anwender werden Kennzahlen zur Gewichtsverteilung und Ladungssicherheit bereit gestellt. Der Fixierungsgrad und der Kippsicherheitsgrad bewertet die Beweglichkeit der Ladung im Laderaum. Der Anwender kann entscheiden, ob auf zusätzliche Maßnahmen zur Ladungssicherung verzichtet werden kann.[67]

Stammdaten wie Produktabmessungen oder -gewicht können über eine individuell anpassbare Schnittstelle aus dem im Betrieb eingesetzten ERP-System gelesen werden. Zur Darstellung der Packschemen werden in UNIT realitätsnahe, dreidimensionale Abbildungen erstellt. Über bebilderte Packberichte erhalten die Mitarbeiter Anweisungen, wie die Packobjekte anzuordnen sind. Somit ist eine zeit-, kosten- und ressourcenminimale Planung von Produktverpackungen bis hin zur Beladung von Transportmitteln möglich.[68]

3.7 Netzwerkplanung

3.7.1 Anforderungen

Auch bei der Betrachtung des gesamten Logistiknetzwerkes können ökologische Ziele verfolgt werden. Optimale Standortgestaltung, maximale Kapazitätsauslastung, minimale Bestände und Transportkilometer führen zu vermindertem Ressourcenverbrauch und Emissionen.

---

[66] Quelle: IML (2009), S. 12.

[67] Vgl. IML (2006), S.1 ff.

[68] Vgl. IML (2010), S.2.

Mit IT-Systemen für das Supply Chain Management können Teilprozesse über alle Ebenen des Logistiknetzwerks hinweg modelliert und miteinander verknüpft werden. Die Gesamt- und Detailplanung gewährleistet eine ressourcenschonende Gestaltung der gesamten Supply Chain. Die untersuchten Softwaretools unterstützten den Anwender bei der

- Modellierung und
- Optimierung der Netzwerkstruktur und einzelner Prozesse,
- Quantifizierung der Kosten, Kapazitäten und weiterer Kenngrößen sowie der
- Prognose von Kenngrößen bei Änderung einzelner Parameter.

Um dies zu gewährleisten, setzen IT-Systeme zur Netzwerkplanung auf die Abbildung von Logistikprozessen auf mehreren Ebenen. Auf der Netzwerkebene wird die Anzahl und Lage von Standorten, Werken oder Lieferanten geplant. Die Struktur des Logistiknetzwerkes mit Produktionsstätten, Kunden, Lagern oder Distributionsstandorten wird grob abgebildet. Zudem findet eine optimale Zuordnung der Standorte zu Kunden, Lagern oder Distributionszentren statt. Die optimierte Struktur führt zu verbesserten Transportwegen und dadurch zu einer Reduktion der Emissionen. Für die einzelnen Standorte können Prozesse optimiert und Ressourcen optimal eingeplant werden. Die Bereiche Transport, Produktion und Lager können hinsichtlich Kosten, Durchlaufzeit oder Auslastungsgrad verbessert werden. Die Funktionsbereichsebene plant einzelne Abläufe der Produktion, des Lagers oder Transports und ordnet ihnen Ressourcen zu. Die Prozesse können bis zu einem beliebigen Detaillierungsgrad modelliert, verknüpft und analysiert werden. Die benötigten Bestands- oder Produktionsdaten werden über Schnittstellen aus Datenbanken anderer IT-Systemen wie ERP-Systemen abgerufen bzw. in deren Datenbestand importiert.

Der Szenariovergleich dient der Verbesserung der Effizienz und Auslastung einzelner Teilprozesse, Standorte und des gesamten Netzwerks. Hierzu wird zunächst die Ist-Situation des aktuellen Logistiknetzwerks modelliert. Der Anwender modifiziert einzelne Parameter, um die Auswirkungen auf das Logistiknetzwerk sichtbar zu machen, die dem Anwender bei der Auswahl der richtigen Strategie helfen.

Die Bilanzierung ökologisch relevanter Faktoren reicht bei den untersuchten IT-Systemen von der Darstellung der Emissionen im Transportbereich bis zur Berechnung aller anfallenden Emissionen über die gesamte Supply Chain. Die Emissionsberechnung im Transportbereich umfasst verschiedene Einflussgrößen. Neben manuellen Einstellungsmöglichkeiten wie Schadstoffklasse oder Fahrzeuggewicht werden auch intern berechnete Auslastungen oder Entfernungen berücksichtigt. Der Schadstoffausstoß kann sowohl für jede einzelne Strecke als auch für das gesamte Netzwerk analysiert werden.

Auch die Visualisierung der Ergebnisse findet in unterschiedlicher Granularität statt. Die grobe Netzwerkstruktur mit Standorten, Transportwegen oder Materialflüssen wird mittels Karten dargestellt. Einzelne Prozesse können bis zu einem beliebigen Detaillierungsgrad modelliert und abgebildet werden. Kennzahlen zu Kosten, Auslastungsgraden, Kapazitäten oder Emissionswerten werden über Tabellen und Diagramme visualisiert.

3.7.2 IT-System Beispiel: 4flow vista

4flow vista ist ein Softwaretool zur Planung des gesamten Wertschöpfungsnetzwerks. Entwickelt wurde die Software von der 4flow AG. 4flow vista dient der Struktur- und Prozessplanung der gesamten Supply Chain auf Netzwerk-, Standort- und Funktionsbereichsebene. Die Software ist modular aufgebaut und teilt sich in die Bereiche Netzwerkplanung, Versorgungsplanung, Materialflussplanung und Transportplanung.

Die Netzwerkplanung legt die Anzahl und Lage der Standorte fest. Kunden und Lieferanten werden möglichst optimal bestimmten Standorten zugeordnet. Die Verlegung oder Schließung von Standorten kann simuliert werden. Materialflüsse zwischen den verschiedenen Standorten werden anhand von Sankey-Diagrammen abgebildet. Auch das Versorgungskonzept der Standorte kann geplant und simuliert werden. Dazu gehört z.B. die Entscheidung, ob Ware eingelagert oder Just-in-time angeliefert wird. Auch die detaillierte Planung von Mengen und Zeitpunkten der Materialbereitstellung kann für jeden Standort bestimmt werden. Beschaffungspläne werden erstellt und die Lagerbestände somit möglichst klein gehalten. Vom Wareneingang, über das Lager, die Produktion bis hin zur Kommissionierung und Warenausgang können Teilprozesse modelliert und miteinander verknüpft werden. Der Anwender erhält einen Überblick über Ressourcenbedarf, Kapazität, Auslastung und entstehende Kosten. Die Zielgrößen für die Optimierung der Prozesse bzw. des Netzwerks können vom Anwender frei gewählt werden. Er kann das Netzwerk hinsichtlich Kosten, Zeit, Kapazitäten, Emissionswerten optimieren.

Das Zusammenspiel der Standorte wird über die detaillierte Tourenplanung optimiert. Transportaufträge können mit vielfältigen Daten hinterlegt werden. Angaben zu Fahrzeugen oder zur Verfügbarkeit von Fahrern können vom Anwender eingegeben werden. Das Tool errechnet selbstständig optimale Transportvolumen, Routen, Reihenfolge, Lieferfrequenzen sowie die ausgestoßenen Emissionen. 4flow vista bietet die Möglichkeit, die Emissionen einzelner Transportstrecken oder des gesamten Transportnetzwerks zu berechnen. Dazu wird bei der Planung von Transporten, die sowohl die Berechnung optimaler Routen als auch die Disposition der Fahrzeuge umfasst, jeweils die Schadstoffklasse und das Leergewicht der Fahrzeuge angegeben. 4flow vista bilanziert den Ausstoß der Schadstoffe CO_2, CO, NO_x, HC sowie Partikelemissionen (vgl. Abb. 11). Die Berechnung der Schadstoffwerte berücksichtigt außerdem das zulässige Gesamtgewicht, Transportvolumen und den Auslastungsgrad der Fahrzeuge. Als Datengrundlage der Emissionsanalyse dient der Software das Hbefa in der Version 2.1.

	kg/y	CO2 /	CO	HC	NOx	Part
Zentrallager -> Vertrieb S		71.173,83	109,68	48,10	388,73	3,36
Zentrallager -> Vertrieb K		71.201,70	109,92	48,12	388,88	3,36
Zentrallager -> Vertrieb BR		71 586,79	110,52	48,36	391,00	3,38
Zentrallager -> Vertrieb Mü		76.018,53	117,36	51,38	415,19	3,59
Lieferant W -> Zentrallager		82.728,21	115,75	48,74	480,67	4,02
Lieferant O -> Zentrallager		127.050,14	196,14	85,37	593,91	6,00
Gesamt		993.050,85	1.484,84	647,24	5.391,26	46,11

Abb. 11: Schadstoffauswertung in 4flow vista[69]

Anhand von Tabellen und Balkendiagrammen stellt 4flow vista die Emissionen einzelner Transportstrecken oder des gesamten Transportnetzwerks dar. Durch den Vergleich verschiedener Szenarien kann das Logistiknetzwerk hinsichtlich des Schadstoffausstoßes optimiert werden. Beispielsweise kann simuliert werden, wie sich die Anschaffung modernerer LKW mit weniger Schadstoffemissionen auf die Emissionswerte auswirkt. Auch die Folgen einer Verlagerung des Zentrallagerstandortes können simuliert werden. Schadstoffausstoß der Ist-Situation und der Alternative können gegenübergestellt und miteinander verglichen werden (vgl. Abb. 12). Die berechneten Schadstoffwerte in 4flow vista beziehen sich ausschließlich auf den LKW-Transport. Andere Verkehrsmittel oder kombinierter Verkehr werden nicht betrachtet. Auch ökologische Kennzahlen in anderen Bereichen wie z.B. der Energieverbrauch in der Produktion werden nicht unterstützt.[70]

---

[69]   Quelle: Seidel, Wolff (2007), S. 21.

[70]   Vgl. Seidel, Wolff (2007), S. 13 ff.

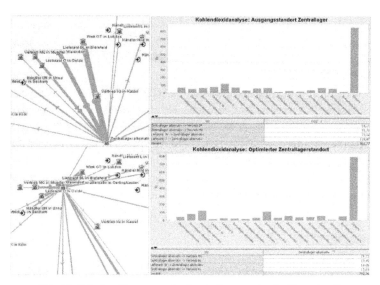

Abb. 12: Schadstoffbewertung im Logistiknetzwerk mit 4flow vista[71]

4flow vista bietet über Schnittstellen die Anbindung an andere betriebliche IT-Systeme wie ERP- oder Data Warehouse Systeme. Für den Import von Daten werden verschiedene Formate wie csv oder xml unterstützt. Die Struktur des Logistiknetzwerks sowie die Berechnung von Straßenentfernungen werden in 4flow vista über Kartenmaterial der Firma NAVTEQ dargestellt.

---

[71] Quelle: Böhlke (2007), S 6.

4 Fazit und Ausblick

Alle untersuchten IT-Systeme unterstützen die Gestaltung logistischer Prozesse und Strukturen, indem sie zurückgelegte Wegstrecken, Material-, Ressourcen- und Energieeinsatz optimieren und somit die ökologischen Auswirkungen der Logistik verringern. Logistische Abläufe werden mittels Schnittstellen zu anderen IT-Systemen oder durch moderne Ortungstechniken wie RFID überwacht und können so effizient gesteuert werden.

Bei der Bewertung der Logistik hinsichtlich ökologischer Größen beschränken sich die IT-Systeme mit Ausnahme der Tools im Bereich der Produktionsplanung ausschließlich auf die Messung von Emissionen in der Luft oder den Energieverbrauch elektrischen Stroms. Die Bewertung weiterer ökologischer Auswirkungen, wie beispielsweise die Lärmbelästigungen oder den Landschaftsverbrauch, sind nicht möglich. Einzig die IT-Systeme im Bereich der Produktionsplanung gehen bei der Berechnung ökologischer Kennzahlen über die Messung von Schadstoffausstoß und Energieverbrauch hinaus. Die eingeschränkten Möglichkeiten der IT-Systeme zur Bewertung ökologischer Kennzahlen ergeben sich aus nur teilweise standardisierten Messverfahren ökologischer Auswirkungen und dem damit verbundenen Fehlen einer einheitlichen Datengrundlage. Bisher verfügbare Daten beschränken sich auf einzelne Teilbereiche der Logistik. So bewertet das HBEFA beispielsweise nur die Emissionen des Straßentransportes. Emissionen anderer Verkehrsmittel oder gar weitere ökologische Auswirkungen wurden bislang lediglich im Rahmen einzelner Projekte wie z.B. dem EcoTransIT Projekt abgeschätzt. Die Struktur von Ökobilanzen ist zwar genormt, nicht jedoch deren Datengrundlage und Berechnungsmethodik. Projekte und Initiativen wie z.B. der Arbeitskreis Internationale Logistik- Umwelt- und Ressourceneffizienz der Bundesvereinigung Logistik entwickeln Lösungsansätze für eine nachhaltige Logistik und deren Unterstützung durch IT-Systeme.[72]

Für eine umfassende ökologische Optimierung der gesamten Logistik ist es gegenwärtig noch notwendig verschiedene Systeme in den einzelnen Teilbereichen einzusetzen. Supply Chain Management Software bildet einen Ansatz, um Prozesse über das gesamte Netzwerk hinweg effizient planen, steuern und bewerten zu können. Um ökologische Zielgrößen zu einem festen Bestandteil der Logistikplanung werden zu lassen, sind in Zukunft auch weitere Kennzahlen zu Effekten einer ökologisch ausgerichteten Logistik wie Kundenakzeptanz oder Imageverbesserung notwendig.

---

[72] Vgl. BVL (2010).

Literaturverzeichnis

Aberle, G.: Transportwirtschaft. Einzelwirtschaftliche und gesamtwirtschaftliche Grundlagen. 5. Auflage, München 2009.

Arnold D., Kuhn A., Furmans K., Isermann H., Tempelmeier H.: Handbuch Logistik. 3. Auflage, Heidelberg 2008.

Böhlke, I.: Logistikplanung. 4flow vista Release 3.4. In: 4flow vista Newsletter. Hrsg.: 4flow AG. 2007, S. 6-8. http://www.4flow.de/fileadmin/user_upload_publikationen/Newsletter/4flo w-Newsletter_Maerz_2007.pdf. Abrufdatum 2010-05-02.

Boppert, J.; Tenerowicz, P.: Ökologisch nachhaltige Logistik und Geschäftsprozesse. Status Quo, Handlungsfelder und Perspektiven. München 2009.

Cordes, M.: Der Run auf die grüne Logistik. In: Verkehrsrundschau, (2010) 9, S. 20-22.

Dyckhoff, H.; Souren, R.: Nachhaltige Unternehmensführung. Grundzüge industriellen Umweltmanagements. Berlin, Heidelberg, New York 2007.

Gesenhoff, E.; Hoffmann, J.: Optimale Verpackungswege für eine nachhaltige logistik. In: Software in der Logistik. Klimaschutz im Fokus. Hrsg.: P. Seebauer; M. ten Hompel. München 2009, S. 42-46.

Goebels, T.: Die Bewertung von Umweltmanagementsystemen. Ein praxisorientiertes Verfahren, angewandt am Beispiel ausgewählter Produktionsstandorte des Volkswagen-Konzerns. Dissertation, Universität Trier, Wolfsburg 2000.

Goedkopp, M.; Oele, M.; Schryver, A.; Vieira, M.: SimaPro Database Manual. Methods library. 2008. http://www.pre.nl/download/manuals/DatabaseManualMethods.pdf. Abrufdatum 2010-05-10.

Green Logistics: Research into the sustainability of logistics systems and supply chains. 2010. http://www.greenlogistics.org/PageView.aspx?id=97 Abrufdatum 2010-04-06.

Günthner, W. A.; Tenerowicz, P.; Boppert, J.; Seebauer, P.: Change to Green. Handlungsfelder und Perspektiven für nachhaltige Logistik und Geschäftsprozesse. 2. Aufl., München 2009.

Hellingrath, B.; Kuhn, A.: Logistik und IT als wechselseitiger Impulsgeber. In: Software in der Logistik. Prozesse, Vernetzung, Schnittstellen. Hrsg.: P. Seebauer; M. ten Hompel. München 2007, S. 14-21.

Hellingrath, B.; Schürrer, S.: Energieeffizienz und Umweltbilanz von Supply Chains. In: Software in der Logistik. Klimaschutz im Fokus. Hrsg.: P. Seebauer; M. ten Hompel. München 2009, S. 16-21.

Hesse, K.: Bilanzierung von CO_2-Emissionen. In: Software in der Logistik. Klimaschutz im Fokus. Hrsg.: P. Seebauer; M. ten Hompel. München 2009, S. 16-27.

ifeu – Institut für Energie und Umweltforschung Heidelberg GmbH: Environmental Methodology and Data. Update 2008. Heidelberg 2008. http://www.ecotransit.org/download/ecotransit_background_report.pdf. Abrufdatum 2010-04-09.

IML: UNIT-Ladeopti. Für Laderaumoptimierung des LKW-Transports. 2006. http://www.myunit.eu/dmdocuments/UNIT-LadeOpti_200608.pdf. Abrufdatum 2010-04-27.

IML: UNIT-Packopti. Für Planung und Optimierung von Verpackungen und Ladeeinheiten. 2007. http://www.myunit.eu/dmdocuments/UNIT-PackOpti_200702.pdf. Abrufdatum 2010-04-27.

IML: UNIT-Packopti. Erste Schritte. 2009. http://www.myunit.eu/dmdocuments/UNIT_PackOpti_Erste_Schritte.pdf. Abrufdatum 2010-04-27.

IML: UNIT. Optimierungssoftware für Verpackungs- und Transportlogistik. 2010. http://www.myunit.eu/dmdocuments/unit.pdf. Abrufdatum 2010-04-27.

Keller, M.; de Haan, P.: Knörr, W.; Hausberger, S.; Steven, H.: Handbuch Emissionsfaktoren des Strassenverkehrs 2.1. Dokumentation. 2004. http://www.hbefa.net/e/documents/HBEFA21_Dokumentation.pdf. Abrufdatum 2010-04-12.

38

Khadraoui, Said el: Umwelt- und Staukosten dürfen auf LKW-Maut angerechnet werden. 2009. http://www.europarl.europa.eu/sides/getDoc.do?pubRef=- //EP//TEXT+IM- PRESS+20090310IPR51410+0+DOC+XML+V0//DE&language=DE. Abrufdatum 2010-04-24.

Klöpffer, W.; Grahl, B.: Ökobilanz (LCA). Ein Leitfaden für Ausbildung und Beruf. Weinheim 2009.

Kranke, A.: Effizienz statt Leistung. In: Logistik inside, (2008) 12, S. 28-29.

Kranke, A.: CO2-Berechnung. In: Logistik inside, (2009) 6-7, S. 29-31.

Lohre, D.; Herschlein, S.: Grüne Logistik. Studie zu Begriffsverständnis, Bedeutung und Verbreitung „Grüner Logistik" in der Speditions- und Logistikbranche. Bonn 2010. http://www.spediteure.de/data/content/teaser/fcmsv34b850dc54f2ff/INVL _Studie__Gruene_Logistik.pdf?save=true. Abrufdatum 2010-04-09.

Meißner, M.: Alle reden vom Klima. In: Software in der Logistik. Weltweit sichere Supply Chains. Hrsg.: P. Seebauer; M. ten Hompel. München 2008, S. 16-21.

Muhsal, M.; Nettersheim, C.: Lagerverwaltungssysteme. Ein Bericht über das Geschehen am Markt der Lagerverwaltungssysteme. Ulm 2009.

O.V. Emission. In: Der Brockhaus in 30 Bänden. Hrsg.: F.A. Brockhaus, 21. Aufl., Leipzig, Mannheim 2010 (Bd. 8). S. 15.

PTV AG: Ihr Weg zu klimaneutralen Transporten. Emissionskalkulation und -kompensation mit map&guide. 2010a. http://www.mapandguide.de/regdownloads/csiybw/mapguideEinleger_CO 2_mitKompensation.pdf. Abrufdatum 2010-04-27.

PTV AG b: map&guide professional 2010. Die Routenplanungssoftware für Transporteure. 2010b. http://www.mapandguide.de/regdownloads/vvxx/leistungsbeschreibung_pr of2010_lowres_de.pdf. Abrufdatum 2010-04-14.

Rösler, M.: Gestaltung von kooperativen Logistiknetzwerken. Bewertung unter ökonomischen und ökologischen Aspekten. Dissertation, Universität Paderborn, Wiesbaden 2002.

Seidel, T.; Wolff, S.: Auf dem Weg zu Green Logistics. Messbarkeit ist der Schlüssel. 2007. http://www.4flow.de/fileadmin/user_upload_publikationen/veroeffentlichu ngen/Oekologie_Logistik-umweltgerechte_L_sungen_BVL-Kongress_2007.pdf. Abrufdatum 2010-05-02.

Schönsleben, P.: Integrales Logistikmanagement. Operations und Supply Chain Management in umfassenden Wertschöpfungsnetzwerken. 5. Aufl., Berlin Heidelberg New York 2007.

Souren, R.: Umweltorientierte Logistik. In: Umweltmanagement: Zehn Lektionen in umweltorientierter Unternehmensführung. Hrsg.: H. Dyckhoff. Berlin, Heidelberg, New York 2000, S. 151-169.

Schreyer, C.; Schneider, C.; Maibach, M.; Rothengatter, W.; Doll, C.; Schmedding, D.: External Costs of Transport. Update Study. 2004. http://www.uic.org/html/environnement/cd_external/docs/externalcosts_en .pdf. Abrufdatum 2010-04-06.

Schwermer, S.: Ökonomische Bewertung von Umweltschäden. Methodenkonvention zur Schätzung externer Umweltkosten. 2007. http://www.umweltdaten.de/publikationen/fpdf-l/3193.pdf. Abrufdatum 2010-04-05.

Siegenthaler, P.: Ökologische Rationalität durch Ökobilanzierung. Eine Bestandsaufnahme aus historischer, methodischer und praktischer Perspektive. Marburg 2006.

Umweltbundesamt: Externe Kosten Kennen – Umwelt besser schützen. Die Methodenkonvention zur Schätzung externer Kosten am Beispiel Energie und Verkehr. 2007. http://www.umweltbundesamt.de/uba-info-presse/hintergrund/externekosten.pdf. Abrufdatum 2010-04-05.

Viastore: viad@t. Das effiziente Warehouse Management System. 2009a. http://www.viastore.de/fileadmin/Mediendatenbank/Loesungen/WMS_via dat/viadat_brosch%C3%BCre_neu/viadat_allgemein/Lagerverwaltung_La gersoftware_WMS.pdf. Abrufdatum 2010-05-06.

Viastore: viastore blue. 30% und mehr Energie im Lager sparen. 2009b. http://www.viastore.de/fileadmin/Mediendatenbank/ServiceCorner/Produk tinformationen/Energieeffizienz_Hochregallager_Intralogistik.pdf. Abrufdatum 2010-05-06.

Voigt, S.: Sparsamer stapeln. In: Logistik inside, (2008) 12, S. 35-38.

Wagner, K.: Klimakommissarin will LKW einbinden. In: Verkehrsrundschau, (2010) 5, S. 16.

Warehouse Logistics. 2010. http://www.warehouse-logistics.com/Website/images/screenshots/SN_42_55_131.jpg. Abrufdatum 2010-04-29.

Anhang

	Map&guide 2010	EcoTransIT
Hersteller	PTV AG www.mapandguide.de	ifeu GmbH www.ecotransit.org
	Routenoptimierer für den Straßentransport	Emissionsvergleich verschiedener Verkehrsträger
bilanzierte Schadstoffe	CO_2, CH_4, NOx, HC, CO, SO_2, PM	CO_2, NOx, SO_2, NMHC, Partikel, Ruß
sonstige Kennzahlen	u.a. Treibstoffverbrauch, Mautkosten, Entfernung	Treibstoffverbrauch
routen-/transportmittelabhängige Einflussfaktoren	Autobahn/Landstraße, Steigung/Gefälle	Steigung/Gefälle; Bereitstellung der Antriebsenergie
manuelle Einflussfaktoren	Transportklasse, Transportgewicht, Schadstoffklasse Kraftstoffart, LKW-Typ	Transportgewicht, Transportart, Fährtransport Schadstoffklasse, Beladungsgrad, Leerfahrtenanteil
Datengrundlage	Hbefa 3.1	u.a. HBEFA 2.1, UIC,
Kompensation	möglich	nicht möglich
Planung von Verkehrsträgern:		
LKW	ja	ja
Bahn	nein	ja
Schiff	nein	ja
Flugzeug	nein	ja
kombinierter Verkehr	nein	ja
Szenariovergleich	Vergleich verschiedener Routen	kombinierter vs. einfacher Verkehr
Routenoptimierung	möglich	indirekt im Hintergrund möglich
Milkrunplanung	möglich	nicht möglich
Standortplanung	nicht möglich	nicht möglich
Visualisierung	Karten, Tabellen, Diagramme	Tabellen, Diagramme
Schnittstellen	Teleroute Frachtenbörse	Export in csv-Format, Google Earth
Systemvoraussetzung	keine Angabe	Internetzugang
Lizenzkosten	ab 799€	kostenfrei

Abb. 13: Funktionsumfang der untersuchten Softwarewerkzeuge für die Transportplanung Teil 1

	Xcargo 4.5	TransIT
Hersteller	Locom Software GmbH www.xcargo.de	GTS Systems and Consulting GmbH http://www.gts-systems.de/
	MS Excel Plugin für den Straßentransport	Routenoptimierer für den Straßentransport
bilanzierte Schadstoffe	CO_2, CO, N_2O, CH_4, HC, Benzol, NH_3, NMHC, NOx, Pb, SO_2, Toluol, Xylo	CO_2
sonstige Kennzahlen	u.a. Tourdauer, Entfernung, Transportkosten	u.a. Entfernung, Transportkosten, Mautkosten
routen-/transportmittelabhängige Einflussfaktoren	Autobahn/Landstraße	keine Angabe
manuelle Einflussfaktoren	Verkehrmittel/Fahrzeugtyp, Antriebsart, Transportgewicht, Schadstoffklasse, Laderaumauslastung	keine Angabe
Datengrundlage	Hbefa 2.1	keine Angabe
Kompensation	nicht möglich	nicht möglich
Planung von Verkehrsträgern:		
LKW	ja	ja
Bahn	nein	nein
Schiff	nein	nein
Flugzeug	nein	nein
kombinierter Verkehr	nein	nein
Szenariovergleich	Vergleich verschiedener Routen	Vergleich verschiedener Routen
Routenoptimierung	möglich	möglich
Milkrunplanung	möglich	möglich
Standortplanung	möglich	möglich
Visualisierung	Karten, Tabellen	Karten, Tabellen, Diagramme
Schnittstellen	MS Excel	Export in xml-Format, MS Excel
Systemvorraussetzung	keine Angabe	keine Angabe
Lizenzkosten	ab 2677€	keine Angabe

Abb. 14 Funktionsumfang der untersuchten Softwarewerkzeuge für die Transportplanung Teil 2

	viad@t 7.0	Coglas WMS 4.1	G.O.L.D. STOCK 5.08
Hersteller	viastore systems GmbH www.viastore.de	Coglas GmbH www.coglas.de	Aldata Retail Solutions GmbH www.aldata-solution.de
Wareneingangsmanagement			
automatisierte Warener-fassung	ja	ja	keine Angabe
Qualitätsmanagement	ja	ja	nein
Retourenabwicklung	ja	ja	ja
automatische Lagerplatzzuweisung	ja	ja	ja
Lagerstrategien	Hifo, Lifo, Fifo, etc.	Fifo, Lifo, etc.	keine Angabe
Lagerverwaltung			
Stellplatzverwaltung	ja	ja	keine Angabe
Gefahrgutverwaltung	ja	nein	ja
Mindesthalbarkeitsdatum	ja	ja	ja
Seriennummernverwaltung	ja	ja	ja
Lagerlayoutvisualisierung	ja	ja	ja
Lagersteuerung			
Materialflusssystem	ja	ja	ja
Steuerung von FTS, RBG	ja	ja	nein
Staplerleitsystem	ja	ja	ja
RFID-Lokalisierung	ja	ja	ja
Kommissionierung			
pick-by-light	ja	ja	ja
pick-by-voice	ja	ja	ja
Ware-zu-Mann	ja	ja	ja
Versandabwicklung	ja	ja	ja
Energiemanagement	ja	nein	nein
Inventurfunktion	ja	ja	ja

Abb. 15: Funktionsumfang der untersuchten Softwarewerkzeuge für die Lagerplanung Teil 1

	Prolag World 2.1.3	PSIwms 1.9	ProStore 6.0
Hersteller	CIM GmbH www.cim.de	PSI Logistics GmbH www.psilogistics.com	Team GmbH www.team-pb.de
Wareneingangsmanagement			
automatisierte Warenerfassung	ja	keine Angabe	nein
Qualitätsmanagement	keine Angabe	keine Angabe	ja
Retourenabwicklung	ja	ja	ja
automatische Lagerplatzzuweisung	nein	nein	ja
Lagerstrategien	ABC-Strategie, individuell definierbar	individuell definierbar	ABC-Strategie, Lifo, etc.
Lagerverwaltung			
Stellplatzverwaltung	ja	nein	ja
Gefahrgutverwaltung	als Zusatzmodul erhältlich	ja	nein
Mindesthalbarkeitsdatum	als Zusatzmodul erhältlich	ja	ja
Seriennummernverwaltung	ja	ja	ja
Lagerlayoutvisualisierung	nein	nein	ja
Lagersteuerung			
Materialflusssystem	ja	ja	ja
Steuerung von FTS, RBG	ja	ja	keine Angabe
Staplerleitsystem	als Zusatzmodul erhältlich	ja	ja
RFID-Lokalisierung	ja	ja	ja
Kommissionierung			
pick-by-light	nein	nein	ja
pick-by-voice	nein	nein	ja
Ware-zu-Mann	ja	keine Angabe	ja
Versandabwicklung	ja	ja	ja
Energiemanagement	nein	nein	nein
Inventurfunktion	ja	ja	ja

Abb. 16: Funktionsumfang der untersuchten Softwarewerkzeuge für die Lagerplanung Teil 2

	SimaPro 7.2	Umberto 5.5	GaBi 4 Pro
Hersteller	Pré Consultants www.simapro.de	ifu GmbH www.umberto.de	PE International www.gabi-software.de
Stoffstrommodellierung			
Modellierungsmethode	eigene Bausteine	Petri-Netz	eigene Bausteine
Sankey Diagramm	ja	ja	ja
Prozessbibliotheken			
Anzahl enthaltener Bibliotheken	9	1	4
enthaltene Bibliotheken	Ecoinvent v2, US LCI database, LCA food database, IVAM database, etc.	Ecoinvent v2	ELCD, Buwal, PlasticEurope, LBP/PE
Editieren der Bibliotheken	ja	ja	nein
Import externer Bibliotheken	ja	ja	ja
Anlegen eigener Bibliotheken	ja	ja	ja
Ökobilanzierung			
Anzahl Berechnungsmethoden	20	5	8
enthaltene Berechnungsmethoden	Eco-Indicator99, Impact 2002+, IPCC 2007, Traci 2, etc.	Eco-Indicator99, CML 2001, German EPA, Ecopoints, etc.	Eco-Indicator99, CML 2001, Traci, etc.
In-/Output Analyse	ja	ja	ja
Carbon Footprint	ja	ja	ja
Unterstützung durch Wizard	ja	ja	nein
Unsicherheitsanalysen	Monte-Carlo Analyse	Monte-Carlo Analyse	Monte-Carlo Analyse
Erstellung eigener Wizards	ja	nein	nein
Szenariovergleich	ja	ja	ja
Kostenanalyse	ja	ja	ja
Ergebnisdarstellung	Diagramme, Tabellen	Diagramme, Tabellen, Graphen	Diagramme, Tabellen
Erstellen von Reports	ja	ja	ja
Schnittstellen	MS Excel, EcoSpold, COM	MS Excel, EcoSpold, COM	MS Excel, EcoSpold
kostenlose Demoversion verfügbar	ja	nein	ja
Lizenzkosten	ab 2400€ (Jahreslizenz)	ab 6.600€	keine Angabe

Abb. 17: Funktionsumfang der untersuchten Softwarewerkzeuge für die Produktionsplanung Teil 1

	TEAM 4.0	Audit Pro 3.1
Hersteller	ecobilan www.ecobilan.com	AUDIT Solutions GmbH www.audit.at
Stoffstrommodellierung		
Modellierungsmethode	eigene Bausteine	eigene Bausteine
Sankey Diagramm	nein	ja
Prozessbibliotheken		
Anzahl enthaltener Bibliotheken	2	keine Angabe
enthaltene Bibliotheken	Ecoinvent v2, DEAM	keine Angabe
Editieren der Bibliotheken	ja	keine Angabe
Import externer Bibliotheken	ja	keine Angabe
Anlegen eigener Bibliotheken	ja	keine Angabe
Ökobilanzierung		
Anzahl Berechnungsmethoden	15	keine Angabe
enthaltene Berechnungsmethoden	Eco-Indicator99, IPCC, CML, etc.	keine Angabe
In-/Output Analyse	ja	ja
Carbon Footprint	ja	ja
Unterstützung durch Wizard	nein	nein
Unsicherheitsanalysen	Monte-Carlo Analyse	keine Angabe
Erstellung eigener Wizards	nein	nein
Szenariovergleich	ja	ja
Kostenanalyse	ja	ja
Ergebnisdarstellung	Tabellen	Diagramme, Tabellen
Erstellen von Reports	ja	keine Angabe
Schnittstellen	MS Excel, EcoSpold	MS Excel, MS Access
kostenlose Demoversion verfügbar	ja	nein
Lizenzkosten	3.000 €	10.900 €

Abb. 18: Funktionsumfang der untersuchten Softwarewerkzeuge für die Produktionsplanung Teil 2

	UNIT	TopsPro	Loaddesigner	PalOpti 1.8
Hersteller	Fraunhofer IML www.myunit.eu	SimPlan AG www.tops-pro.de	Ortec Logiplan GmbH www.ortec.com	Erpa Systeme GmbH www.erpa.de
Eingabeparameter des Basisobjekts:				
Abmessungen	ja	ja	ja	ja
Gewicht	ja	ja	ja	ja
Form	ja	ja	nein	nein
Import von CAD Modellen	ja	nein	nein	nein
Planung von Verpackungen (Karton, etc.)				
Auswahl optimaler Verpackung	ja	ja	ja	ja
Anordnung in Verpackung	ja	ja	ja	ja
Planung von Transportmitteln (Palette, etc.)				
Auswahl optimaler Transportmittel	ja	ja	ja	ja
Anordnung in Transportmittel	ja	ja	ja	ja
Planung von Verkehrsträgern (LKW, etc.)				
Auswahl an Verkehrsträgern	nur LKW	LKW, Container	LKW, Container, Waggon, etc.	LKW, Container, etc.
Anordnung im Verkehrsträger	ja	ja	ja	ja
Nebenbedingungen der Verpackung				
Stapelhöhe	ja	ja	ja	ja
max Stauraum	ja	ja	ja	ja
maximales Gewicht pro Verpackung	ja	ja	ja	ja
maximale Achlast	ja	ja	ja	ja
Kennzahlen zu Transportsicherheit	Kippsicherheit, Festigkeitsgrad, Fixierungsgrad	Kippsicherheit, Festigkeitsgrad, Fixierungsgrad	keine	keine
Berücksichtigung der Sichtbarkeit von Etiketten	ja	nien	nein	ja
Be- und Entladereihenfolge	ja	nein	ja	ja
Generierung von Packanweisungen	ja	ja	nein	ja
Entwurf eigener Verpackungen	ja	ja	nein	nein
Visualisierung	3D	3D	3D	3D, 2D

Abb. 19: Funktionsumfang der untersuchten Softwarewerkzeuge für die Verpackungsplanung

	4flowvista	Chain Guru	LogicNet Plus 6.0 XE
Hersteller	4flow AG www.4flow.de	Llamasoft Inc. www.llamasoft.com	IBM Corp. www.ibm.com
Echtzeiterfassung von Überwachungsdaten	ja	keine Angabe	ja
Module	Netzwerkplanung, Versorgungsplanung, Materialflussplanung, Transportplanung	Netzwerkplanung, Lagerplanung, Produktionsplanung, Transportplanung,	Netzwerkplanung, Bestandsplanung, Transportplanung
Planungsebenen	Netzwerk, Standort, Funktionsbereich	Netzwerk, Standort, Funktionsbereich	Netzwerk, Standort, Funktionsbereich
Darstellung des Netzwerks graphisch?	ja	ja	ja
Emissionsberechnung			
Bereiche der Emissionsberechnung	Straßentransport	komplette Supply Chain	Straßen-, Schienen-, Wassertransport; Emissionen durch Stromverbrauch
bilanzierte Schadstoffe	CO_2, CO, NOx, HC, PM	CO_2	CO_2
Datengrundlage	Hbefa 2.1	keine Angabe	United States Government, World Resources Institute
Optimierung nach maximalem CO_2-Ausstoß	nein	ja	ja
Szenariovergleich	ja	ja	ja
Kostenanalyse	ja	ja	ja
Sankeydiagramme	ja	nein	keine Angabe
Schnittstellen	xml, EDI, MS Excel, etc.	keine Angabe	MS Excel, MS Access

Abb. 20: Funktionsumfang der untersuchten Softwarewerkzeuge für die Netzwerkplanung

BEI GRIN MACHT SICH IHR
WISSEN BEZAHLT

- Wir veröffentlichen Ihre Hausarbeit,
  Bachelor- und Masterarbeit

- Ihr eigenes eBook und Buch -
  weltweit in allen wichtigen Shops

- Verdienen Sie an jedem Verkauf

Jetzt bei www.GRIN.com hochladen
und kostenlos publizieren